本书为中国人民大学科学研究基金项目《新闻从业者职业认同危机研究》（项目号17XNQJ09）的成果。

作者简介

丁汉青 女，河南南阳人。2003年毕业于中国人民大学新闻学院，获博士学位。2003年7月至2017年11月在中国人民大学新闻学院工作，随后调至北京师范大学新闻传播学院。现为北京师范大学新闻传播学院教授，博导；同时兼任中国新闻史学会传媒经济与管理研究委员会秘书长。迄今在《新闻与传播研究》《国际新闻界》《新闻大学》《现代传播》等核心期刊发表论文二十余篇，并主持多项纵向与横向课题。

王军 男，安徽安庆人。2018年毕业于中国人民大学新闻学院，获博士学位。现为重庆大学新闻学院讲师。研究方向为传媒经营与管理、网络新媒体等。在《国际新闻界》《新闻大学》《现代传播》等核心期刊发表论文十余篇。

苗勃 女，海南三亚人。中国人民大学新闻学院2017级传媒经济学在读博士生。本科毕业于武汉大学广告学专业，硕士毕业于香港中文大学新媒体专业。研究方向为网络新媒体、新闻职业认同等。

新闻从业者
职业认同危机研究

丁汉青　王军　苗勃◎著

人民日报学术文库

人民日报
出版社·北京

图书在版编目（CIP）数据

新闻从业者职业认同危机研究／丁汉青，王军，苗勃著．——
北京：人民日报出版社，2019.6
ISBN 978－7－5115－6071－1

Ⅰ.①新…　Ⅱ.①丁…②王…③苗…　Ⅲ.①新闻工作者—研究
Ⅳ.①G214

中国版本图书馆 CIP 数据核字（2019）第 105735 号

书　　名：新闻从业者职业认同危机研究
　　　　　XINWEN CONGYEZHE ZHIYE RENTONG WEIJI YANJIU
著　　者：丁汉青　王　军　苗　勃

出 版 人：董　伟
责任编辑：梁雪云
封面设计：中联学林

出版发行：人民日报出版社

社　　址：北京金台西路 2 号
邮政编码：100733
发行热线：（010）65369509　65369512　65363531　65363528
邮购热线：（010）65369530　65363527
编辑热线：（010）65369526
网　　址：www.peopledailypress.com
经　　销：新华书店
印　　刷：三河市华东印刷有限公司

开　　本：710mm×1000mm　1/16
字　　数：201 千字
印　　张：15
版次印次：2019 年 9 月第 1 版　　2019 年 9 月第 1 次印刷

书　　号：ISBN 978－7－5115－6071－1
定　　价：85.00 元

为新闻从业者打一束"追光灯"

近一二十年来，以网络化、数字化、智能化为基本特征的信息技术革命不仅不断催生出新的时髦概念，而且直接改写着各行各业的生态图景。就传媒行业而言，注意力从擅长"面上延展"的大众媒体转移到精于"垂直开掘"的小众管道已成趋势。由信息技术引发的这场注意力配置模式之变首先将大众媒体置于困境。当人们将大量目光聚焦于传媒组织转型、努力为其寻找一个新的商业模式时，却在有意无意中忽略了传媒组织中最值得关注的对象——新闻从业者（本研究特指从事新闻业务工作的编辑、记者，不包括新闻行业内的经营管理类人员）。在这场史无前例的技术大变革中，传媒组织"何去何从"固然值得思考，但与之相比，新闻从业者"何思何想"更值得关注。毕竟，惺惺相惜，技术变革在新闻从业者身上所触发的"喜怒哀乐"更能引发同为社会之一员的我们的共鸣。毕竟，新闻从业者是行业最可宝贵的资源，他们在痛苦挣扎后所做抉择最终决定着新闻职业的走向与功能，而新闻业的走向与功能又隐隐与社会公共领域有着某种联系……。正如哈贝马斯所言，（即使在传统媒体基础设施尚被保存得不错的西班牙、法国和德国）"互联网的碎片效应仍旧改变了传统媒体的角色，特别是在青年一代中产生了很大的影响。即使在新媒体的离心作用和原子效应起效之前，公众关注力的商业化已经触发了公域的解体过程。"①

人与动物的最大不同在于追寻行动的"意义"。新闻从业者可以从稳定的职业认同中寻得从事新闻职业的意义。信息技术来临之前，大众媒体新闻从业者逐渐形成相对稳定的职业认同，并在相当长时间内忠于职守，肩负起这份社会分工。但信息技术的来临打破了既有稳态，目前信息技术给新闻从业者带来的最大冲击在于早先形成的价值认同、专业认同、角色认同、情感认同等无一不遭受挑战。一连串的疑问摆到新闻从业者的面前："从事新闻业是否还有价值？价值何在？""是否有能力顺应传播环境的变化、继续从事新闻职业""社会与家人对我的角色期待是否与我实际所扮的角色有冲突""我仍钟爱这份职业吗？"……。应该说，上述问题并非为"当下"新闻从业者所独有，"当下"的独特之处仅在于"人类历史上第一次首要为经济服务而非为文化服务的新媒体革命"② 使上述问题进一步凸显出来，并且在信息技术图景尚且徐徐展卷的语境下，上述问题的解答亦处于"进行时"。

在这样一个特定的时代中，无数新闻从业者用笔记录下自己的心路历程，留下了宝贵且鲜活的"心灵肖像"："所有过去引以为傲的关于职业的价值感和尊严，全部被推倒重建。曾经的理想和信念，一夜坍塌。""始终无法突破职业带来的荣辱冲突，在内心深处备感煎熬与折磨。"③ 一方面，这些文字带有很深的个体烙印，的确是新闻从业者个

---

① 缪济编译：《哈贝马斯：我仍对世界上正发生的一些事情感到愤怒》，来源《文汇报》。http://gn.cssn.cn/hqxx/yw/201807/t20180706_4497856.shtml，2018 年 7 月 28 日查看。

② 缪济编译：《哈贝马斯：我仍对世界上正发生的一些事情感到愤怒》，来源《文汇报》。http://gn.cssn.cn/hqxx/yw/201807/t20180706_4497856.shtml，2018 年 7 月 28 日查看。

③ 杨冰莹：《再见了，我的 19 年媒体生涯》，http://www.360doc.com/content/18/0717/05/33470547_771035287.shtml，2018 年 7 月 18 日查。

体的"内心独白";另一方面,这些文字公开后所引发的刷屏转发与如潮评论似乎又在证明此个体的"内心独白"在一定意义上代表了新闻从业者群体的心声。质疑与困惑、冲突与挣扎、坍塌与重建……这样的新闻职业认同谱系促使我们聚焦当下新闻从业者的职业认同危机问题。虽然,我们仍无法想象这场信息技术革命终将以什么面貌示人,但可以肯定的是,随着"时间轴"的延长,"当下"会被压缩至薄薄的一层,一如巍巍高山上一块沉积岩中古老的一层。传统意义上的新闻职业也许亦会变为被封存起来的"过去时",传统意义上的新闻从业者曾经鲜活的呼吸也许会被压缩掉,最终变为巍巍高山中一个微不足道的时间片段……尽管如此,我们仍希望借此研究为曾经在社会中叱咤风云的新闻从业者打上一束"追光灯"。

该研究始于 2016 年年底,采用问卷调查法与深度访谈法展开,问卷调查分别针对新闻从业者后备军(在校新闻专业学生)与新闻从业者展开,尝试发现新闻职业认同危机的表现及影响因素。深度访谈则在问卷调查的基础上展开,旨在进一步探索新闻职业认同危机的多个面向、产生原因及消解路径。

与既有同类研究相比,本研究的价值主要体现在两方面:一是从关注"业态"到关注"心态";二是从侧重"描述"到尝试"解释"。与此同时,本研究的不足之处亦客观存在。第一,由于以人工智能、无人控制技术、量子信息技术、虚拟现实及生物技术为先导的第四次技术革命画卷仍正在徐徐展开,新闻从业者经受的职业认同危机仍处"进行时",放在一个大历史尺度看,本研究实际上只截取了信息技术时代新闻从业者职业认同危机的一个横断面,其研究结论亦将受当下信息环境、媒介环境所限。第二,定量研究部分的分析维度与定性研究部分的分析维度并未完全对应。定量研究部分从新闻职业认知认同危机、情感认同危机、行为认同危机三个维度展开。受定性研究方法自身所限，定性研究部分则只针对新闻职业认知认同危机展开，并在此分析维度上伸展出三个研究面向：价值认知认同危机、专业认知认同危机、角色认知认同危机。第三，新闻从业者调查部分样本量偏少，抽样方式不够科学。上述不足，留待后续研究予以克服。

喻国明

2019 年 2 月于北京

目　录
CONTENTS

图表目录

第一章

绪　论

随着互联网、移动互联网技术的应用与普及，人类社会开始进入了"社交媒体时代"。在这一时期，社会信息传播系统开始由工业社会以大众媒介为中心的单向"垂直传播"，向网络社会以多维度互动交换为基础的"全球水平传播"转移。① 美国南加州大学传播学教授曼纽尔·卡斯特（Castells）认为，技术上的进步从本质上会推动权力关系的重新建构。② 面对由互联网技术所引发的这场传播变局，新闻从业者作为置身其中的重要主体之一，其面临的职业权力变革主要表现在以下三个方面。

第一，新闻采编权的逐渐丧失。新闻采编权是指对新闻信息进行采访、收集、制作并发布的权力，③ 是新闻从业者的核心权力。互联网技术的兴起使得新闻从业者的采编权逐渐丧失，具体表现在：首先，采编权从封闭走向开放，在互联网技术兴起之前，新闻从业者掌握着新闻信

---

① Castells M. "Communication, Power and Counter – Power in the Network Society," *International Journal of Communication*, Vol. 1, No. 1, 2007, pp. 238 – 266.

② Castells M. "Communication, Power and Counter – Power in the Network Society," *International Journal of Communication*, Vol. 1, No. 1, 2007, pp. 238 – 266.

③ 覃静：《浅谈县级电视台新闻记者如何提高新闻采编能力》，《中国传媒科技》2012年第 10 期，第 198 页。

息的采集、编辑和发布等流程，使得信息传播流程总是经由少数的、集中的、相对易于控制的大众媒介——报纸、杂志、广播、电视等——的"把关"，再传到分散的不定量的受众；而随着互联网技术的崛起，传—受的角色界限逐渐被打破，人类社会开始进入"人人皆可当记者"的年代，[①] 新闻从业者的"把关"权力逐渐让渡给受众，使得少数人垄断信息和文化的时代结束了。其次，新闻从业者的采编权逐渐让渡于技术与算法。在互联网技术兴起前，新闻从业者控制着新闻内容的生产流程，决定了新闻内容如何生产；而随着互联网技术的崛起，新闻从业者的采编权开始逐渐让渡于技术与算法，而技术和算法的控制者为技术人员而非新闻从业者，使得新闻从业者不仅在社会层面的地位伴随着传统媒体的下滑而有所下降，而且在新闻媒体内部的地位也逐渐被技术人员所代替。

第二，舆论监督权的逐渐丧失。舆论监督权是指"人民群众和社会组织通过报纸、刊物、广播、电视等新闻舆论工具对国家机关、社会组织和公民的法律活动特别是国家机关和国家工作人员的法律活动所进行的监督"的权力、[②] 随着互联网技术的崛起，新媒体对传统新闻媒体无论是受众规模还是营利模式方面均造成了巨大冲击，传统新闻媒体在迫于经营压力的情况下大幅减少深度报道的篇幅，并且其新闻的公共性也逐渐让位于商业性。

第三，注意力获得权的逐渐转移。新闻注意力最早是由加拿大传播政治经济学者斯密塞（Smythe）提出，主要指新闻产品所吸附的受众注意力资源，新闻媒体通过出售该类资源吸引广告商的投入进而维系自身

---

① 陈颂清、夏俊、柳成荫：《全国新闻从业人员现状分析——以"60后""70后""80后"的代际比较为视角》，《新闻大学》2014年第4期，第1–10页。

② 孙国华：《中华法学大辞典（法理学卷）》，中国检察出版社1997年版，第490页。

的正常运营。① 在传统大众传播时代，新闻媒体通过掌握着新闻信息的采集与发布权而吸引了大批受众的注意力资源；而随着社交媒体的到来，互联网媒体的应用与普及使得受众的注意力资源逐渐由传统媒体转移至新媒体，根据艾瑞 2016 年第十五届调研数据，当前使用视频类网站/客户端/APP 和新闻客户端的用户比例分别为 64.9% 和 58.6%，相比 2011 年分别提高了 40.2% 和 43.5%；而使用报纸、杂志、广播电台和电视的用户比例分别为 19.1%、16.9%、25.4% 和 26.7%，相比 2011 年分别下降了 36.9%、34.1%、18.0% 和 38.0%。

权力的变革也直接导致了新闻从业者职业上升通道的受阻，具体表现在：首先，以往新闻从业者可以根据资历而得到职位的提升、薪水的提高等，随着互联网技术的出现，新闻媒体内部冗员现象开始成为困扰各大新闻媒体的重要问题，各大新闻媒体相继采用裁员、降薪等措施，在这样的时代背景下，新闻从业者若想获得职位升迁、薪水提高已变得十分困难；其次，以往新闻从业者可以经过专业积累成为某个领域的专家，而互联网技术的出现使得全媒体记者成为必需，新闻从业者更多地将精力放在跨媒体、全媒体的新闻报道，而对于专业知识则缺乏长期积累。

这场以网络技术为主要动力的职业权力变革让新闻从业者不时产生"从事新闻业到底对我有何意义""我在新闻行业中到底扮演着怎样的角色""我的职业定位是什么"之类的"职业之问"，众多此类疑惑表明新闻从业者正在遭遇一场职业认同危机。

---

① 喻国明：《试论受众注意力资源的获得与维系（上）——关于传播营销的策略分析》，《当代传播》2000 年第 2 期，第 15 - 16 页。

第一节　研究对象与研究方法

　　在新闻从业者队伍建设过程中，职业认同作为个体对新闻职业群体同一性的感知与认可，不仅会影响其在新闻从业者群体中的归属感和荣誉感，而且可以影响其具体的新闻实践行为以及职业选择行为。譬如，Blascovich 等人发现，较低的职业认同会使个体在态度上以自己作为群体的一员而产生自卑、污名感（stigma）等情绪，在行为上则表现为不愿暴露自己的身份、排斥群体的基本价值观等；[①] Moore 和 Hofman 发现强烈的职业认同会阻碍教师离开工作的倾向。教师的职业认同与他们的工作压力水平、离开工作场所的意愿和离开职业的意图之间负相关。[②]

　　纵观中外历史可以看出，伴随着近代新闻事业的出现，新闻记者作为一个独立的职业身份开始在全球出现，并在社会中日益扮演着重要的角色和地位。对应到中国大陆新闻界，新闻记者的身份大体也经历了从"名士"到"报人"，[③] 从"政治宣传者"到"社会建设参与者"再到"监督者与守望者"的过程。[④] 在这些身份转变背后，无不体现出规制、商业与技术等元素在新闻记者建构职业认同过程的重要作用，上述任一元素的变化都会打破原有的认同状态，导致职业认同危机。

---

①　Blascovich J. , et. al. , "Perceiver threat in social interactions with stigmatized others," *Journal of Personality & Social Psychology*, Vol. 80, No. 2, 2001, pp. 253 – 267.

②　Moore M. & Hofman J. E. , "Professional identity in institutions of higher learning in Israel," *Higher Education*, Vol. 17, No. 1, 1988, pp. 69 – 79.

③　姜红、於渊渊：《从"名士"到"报人"：近代中国新闻人职业身份认同的承续与折变》，《新闻与传播评论》2010 年第 1 期，第 206—212 页。

④　王肖潇：《从身份认同看建国后记者的职业身份转变》，《新闻传播》2011 年第 6 期，第 129 – 130 页。

一、新闻从业者职业认同危机

本研究聚焦互联网技术对新闻记者群体职业认同建构的影响，考察互联网技术背景下新闻记者群体职业认同危机的表现、产生原因，以及其影响效果等。本研究认为，规制、商业与技术是建构新闻记者群体职业认同的重要元素，随着互联网技术的发展，一方面互联网技术所带来传媒产业的变化使得其在新闻记者群体建构职业认同过程中的重要性日益凸显，另一方面，技术的力量又会反过来作用于商业和规制力量，使得商业和规制在职业认同建构的过程、作用和表现又呈现出新的特点。

与前人研究成果相比，本研究的特点主要体现在两个方面。

（一）从关注"业态"到关注"心态"

在这场由互联网技术引发的传媒生态大变革中，大众媒介时代所形成的新闻媒体生产模式、分发模式、营利模式等均遭遇巨大的冲击和影响。聚焦于媒体机构、传媒产业的研究多矣，相对而言，针对正在遭受技术变迁影响的新闻从业者的研究却相对较少。不过，一桩桩新闻从业者尤其是知名媒体人的离职事件却又让人直观地感受到，新闻从业者这一群体颇值得关注，他们对新闻职业的这段心路历程尤其值得认真研究。本研究认为新闻从业者作为新闻内容生产的基础力量，其对新闻职业的认同状况关乎新闻行业的未来。因此，相比前人多关注社交媒体时代新闻媒体组织的兴衰与转型路径，本研究更侧重新闻行业中"人"的基本命运与心路历程。

（二）从侧重"描述"到尝试"解释"

前人研究多侧重描述新闻从业者的从业状况、工作满意度等，本研究除了从横截面上描述当前中国新闻从业者存在的职业认同危机现象以及该种危机对新闻从业者可能产生的影响外，还着重通过质化的研究，关注新闻从业者的职业认同是如何与社会制度、产业、技术等环境相关联的，了解职业认同危机产生的背后机理，期冀不仅记录下当今新闻从业者的一段职业心路历程，而且能为缓解新闻从业者的职业认同危机探索可能的路径。

二、研究方法

本研究主要采用定量研究和定性研究相结合的方式，通过对中国新闻从业者（包括新闻从业者后备军）的职业认同危机进行问卷调查和深度访谈，不仅从面上了解新闻从业者在职业认同方面存在的危机及其产生的影响，更深入把握这种职业认同危机背后的形成原因。

（一）问卷调查法

问卷调查法，是指通过问卷发放的形式，获取调查对象基本信息的研究方法。本研究拟采用问卷调查法，将职业认同危机划分为"职业认知认同危机""职业情感认同危机"和"职业行为认同危机"三个维度，通过考察新闻从业者在职业认知方面是否存在"理想"与"现实""应然"与"实然"的矛盾，在职业情感和职业行为方面是否存在"我"与"他们"之间的冲突和矛盾，进而考察这些危机的影响因素，以及这些危机可能对新闻从业者所产生的影响等。

（二）深度访谈法

深度访谈法，是指通过对被访者进行无结构的、直接的、个人的访问，进而获取对问题的理解和深层了解的探索性研究。本研究采用深度访谈法，拟重点关注新闻从业者在职业认同层面存在的危机状况及其背后的形成原因，主要表现在：第一，个体内在"道德框架"失落时形成的价值认知认同危机；第二，新闻"职业共同体"所共享的行为规范遭遇挑战时造成的专业认知认同危机；第三，在社会结构变动中，不同结构要素对新闻职业的角色要求不同，之间的矛盾和冲突形成角色认知认同危机。

第二节 研究框架

职业认同危机研究建立在认同研究的基础之上。学者主要围绕自我与社会环境（如规训和其他社会规章）的互动来理解认同。依据"自我"形式之不同，有关认同的理解可以分为四类。

第一，基于"自主自我（Autonomous Self）"的"认同"。自主的自我主要指个体的认同建构主要是基于个体的自主性，受外部社会环境影响较小。该观点主要受主观唯心主义观点的影响，强调认同建构过程中个体的重要性，譬如，笛卡尔的"我思故我在"、海德格尔的"个人主义"等观点，认为认同是自我的自由和自发的表达。

第二，基于"屈从自我（Subjugated Self）"的"认同"。屈从的自我则强调外部社会环境的影响，认为个体的认同建构主要是屈从于社会结构和社会压力。该观点主要受启发于法国哲学家米歇尔·福柯的早期著作，认为个体嵌于或淹没于社会结构中，仅具有这些社会结构所许可的部分能动性。

第三，基于"富有进取心自我（Enterprising Self）"的"认同"。富有进取心的自我则强调个体既是自我屈从的也是自我控制的，在认同建构过程中不仅受外部社会环境（例如社会结构）的影响，也会扮演着一定的角色。该观点主要集成的是晚期现代性传统，认为个体的认同建构是个体目标与社会规范寻求匹配的调节性努力的结果。

第四，基于"后结构自我（Post-structural Self）"的"认同"。后结构的自我强调个体的认同建构是个体根据社会规范进行有选择性的自我反思，进而形成、维持或拒绝认同。其观点主要受启发于陶赫蒂（O

Doherty）的"人类行动的反思性"和威登（Weedon）的"自我反思性"等，认为认同的建构过程是主体对客体（社会实践）的反思性结果。①

本研究则主要采用后结构的自我理念，认为职业认同的建构并非天然拥有的客观存在，是个体在实践中不断与外部社会环境互动的结果，是个体根据内在参考系统所理解到的自我，② 正如美国职业管理学家萨柏（Super）所认为，自我概念是许多因素之间复杂交互作用的产物，这些因素包括身体和精神成长、个人经验、环境特征和刺激。③ 一方面，外部社会环境会构成个体认同建构的客观基础，正如 Burhenn 所认为："每一个社会都具有一种认同的保留，这种认同是社会成员客观知识的一部分。正如个体社会化一样，这些认同也被内化。它们不仅仅被认为是客观现实的组成部分，而且是个人自我意识不可或缺的部分。"④ 另一方面，个体也可以按照自我的意愿去选择或改变认同，正如 Ward 所认为："我们或多或少可为我们自己自由地组织我们的认同，关于如何呈现或再现我们自己，我们可以有某种程度的选择"。⑤ 当然，这种认同概念并非是静止的，而是随着个人在不同发展阶段所遭遇的不同实践活动而不断地发生变化。吉登斯（Giddens）认为，在这个环境和观念变动不居的年代，认同当然也不再是固定不变和理所当然的，而是始

---

① 张永：《基于自我认同的职业认同研究取向》，《外国教育研究》2010 年第 4 期，第 7 - 9 页。

② 安东尼·吉登斯著、赵旭东等译：《现代性与自我认同》，生活·读书·新知三联书店 1998 年版，第 58 页。

③ 转引自张永：《基于自我认同的职业认同研究取向》，《外国教育研究》2010 年第 4 期，第 7 - 9 页。

④ Burhenn H. , "Prolegomena to the Psychological Study of Religion," *International Journal for the Psychology of Religion*, No. 1, 2009, pp. 59 - 61. 转引自梁丽萍：《中国人的宗教心理——宗教认同的理论分析与实证研究》，社会科学文献出版社 2004 年版，第 14 页。

⑤ Glenn Ward, *Postmodernism*, Chicago, IL: NTC, 1997, p. 124.

终处于建构—破裂—建构的过程中，"认同是由人类自己创造的一个动态的、没有终点的过程"。[①] 对应到新闻从业者群体中，外部社会环境的变化，譬如互联网技术的应用与普及、传媒体制机制改革和形态转型等，势必会引发该群体职业认同的变化，而变化的过程中必然会出现冲突和矛盾。基于此，本书聚焦于新闻从业者的职业认同危机问题，并试图通过量化和质化研究揭示该种现象、现象产生的原因及其可能影响。其中量化研究部分基于职业认知认同、情感认同和行为认同三个层面，侧重从微观个体层面考察是否存在新闻从业者职业认同危机；若存在，其影响因素有哪些以及该危机如何影响从业者的职业认知、情感和行为。而质化研究部分则聚焦于新闻从业者的职业认知认同危机，[②] 着重从宏观社会层面考察新闻从业者个体的职业认知认同与社会环境（社会制度、产业环境、技术环境等）博弈和协调的过程，探索技术、政治、资本等环境的变化是如何造成新闻从业者职业认知认同危机的，其职业认知认同危机的消解路径又是怎样的，进而有助于我们进一步了解新闻职业认知认同的建构过程以及认知认同危机产生的社会原因。

本书研究框架如图1所示，共分为八章。

第一章为绪论部分。主要叙述了本研究的选题背景，阐述了本研究的理论意义与实践意义，总结了本研究的研究内容和研究方法，对本研究的结构和内在关系进行了深入分析。

———————————

① 转引自 Chris Barker, *Culture studies：Theory and Practice.* London：Sage，2000，p. 166.
② 职业认同包含认知、情感和行为三个层次，而质化研究部分将着重论述认知认同危机，对情感、行为两个层次阐述较少。这主要基于以下三个原因：第一，访谈问题设计的偏差，在访谈问题的设计上，研究者着重了解从业者对职业的认知，而在职业情感认同危机和职业行为认同危机方面提问较少；第二，在面对面的访谈环境中，对于工作水平、工作积极性等有关职业行为的问题，较难获取被访者的真实答案，因此质化研究部分削弱了对职业行为认同危机的阐释；第三，在访谈过程中，多数被访者不愿过多提及自己与同事在情感认同和行为认同方面的危机。因此，职业情感认同危机和行为认同危机方面的深度访谈材料较少，质性部分将主要聚焦于新闻从业者的认知认同危机。

第二章为文献综述部分。本部分主要从职业认同危机的概念界定、职业认同危机的相关研究和新闻从业者职业认同危机的相关研究三个方面出发，全面梳理了新闻职业认同与新闻职业认同危机的相关研究，进而为后面的量化研究和质化研究做理论铺垫。

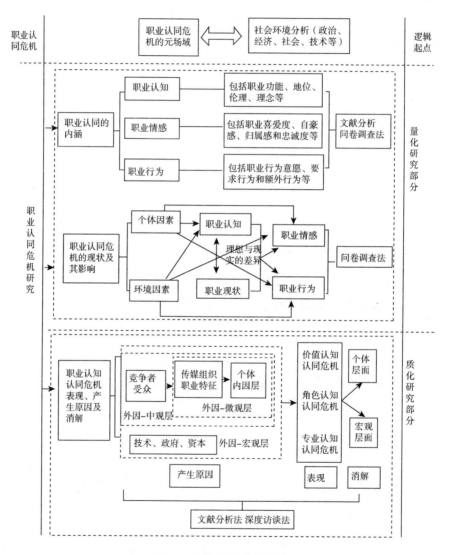

图1　本研究的总体框架图

　　第三章和第四章为量化研究部分。本部分通过对传媒从业者后备军新闻院系在校生和新闻从业者群体的问卷调查，从职业认知认同、职业情感认同和职业行为认同三个方面考察这两个群体的职业认同危机表现状况、职业认同危机的影响因素以及职业认同危机的影响效果等，进而了解互联网技术环境下新闻从业者和新闻从业者后备军在职业认同上面临的普遍困境。

　　第五章、第六章、第七章和第八章为质化研究部分。本部分通过对21位新闻从业者的深度访谈，运用Nvivo11软件对访谈文本进行编码和归纳，分析技术、政治和资本等外部社会环境的变化给新闻从业者在职业认知认同方面所造成的冲突、矛盾及其具体的消解过程，归纳出新闻职业认知认同危机所包含的"价值认知认同危机""专业认知认同危机"和"角色认知认同危机"三个面向，并阐述每个面向认知认同危机产生的原因及协调过程。

第二章

职业认同与职业认同危机

本章摘要：本书以新闻从业者职业认同危机的相关论文为基础，旨在展示该领域研究的主要议题和重要成果。本章主要从职业认同危机的概念界定、职业认同危机的相关研究和新闻从业者职业认同危机的相关研究三个方面着手。研究发现目前国内外学者关于职业认同或职业认同危机的研究不仅多集中于教师、医生、警察等群体，而且多聚焦于职业理念即职业认知认同层面。有关新闻从业者群体的职业认同危机研究更是相对匮乏。本章基于建构视角，将新闻从业者的职业认同危机界定为"新闻从业者在新闻职业认同形成过程中所产生的冲突和矛盾"。并将职业认同危机按照职业认同所包含的三个维度（职业认知认同、职业情感认同和职业行为认同）对应划分为"职业认知认同危机""职业情感认同危机"和"职业行为认同危机"三个维度。其中职业认知认同危机侧重考察新闻从业者关于新闻职业对社会及自身重要性的认识是否存在"理想"与"现实""应然"与"实然"之间的矛盾和冲突；职业情感认同危机侧重考察新闻从业者关于新闻职业情感方面的认同是否存在"我"与"他们"之间的差异；职业行为认同危机则侧重考察新闻从业者关于新闻职业行为方面的认同是否存在"我"与"他们"之间的差异。

伴随着互联网媒体的崛起，传统媒体的式微、经济收入下滑、工作环境恶化等因素，新闻从业者的职业身份日益呈现出"异化"局面，一些新闻从业者开始自诩为"新闻民工""狗仔队"等，对自身工作满意度呈现急剧下滑状况；① 同时，在传统媒体内部，一些新闻从业者开始选择离开新闻媒体行业，这使得关注新闻从业者的职业认同危机状况研究显得尤为重要。基于此，本书旨在通过梳理目前国内外关于新闻从业者群体职业认同或职业认同危机方面的研究文献，总结和分析职业认同或职业认同危机的概念、类型、测量方法及相关研究，进而对未来进一步研究进行展望。

第一节 职业认同危机的概念界定

在梳理"职业认同危机"的概念前，有必要先明晰核心关键词"认同"和"职业认同"的基本含义。

一、"认同"的界定

所谓"认同"（identity），是对相同的东西进行确认，其目的是维持自身的同一性。相比差异性所带来的陌生感、混乱感、断裂感和流变性，同一性是对事物的熟悉，使主体形成一定方位感，由此产生连续性、稳定性和归属感。"认同"概念存在于哲学、社会学、心理学等多种学科的研究中，而这些学科对"认同"定义的共源是"关于人存在

---

① 赵云泽、滕沐颖、杨启鹏等：《记者职业地位的陨落："自我认同"的贬斥与"社会认同"的错位》，《国际新闻界》2014 年第 12 期，第 84 - 97 页。

状态的问题，是对人存在状态的关怀"。①

在哲学研究中，认同主要是指同一性，即对事物之间所存在共性以及发展过程中的一致性和连续性的辩证确认。譬如在古希腊时期，哲学家将某种或具体的物质形态看作世界的物质本源，例如泰勒斯认为"水是万物的始基"；毕达哥拉斯则认为"数是万物的来源"，事物的性质是由某种数量关系决定的，万物按照一定的数量比例而构成和谐的秩序。而进入近代，哲学家多认为同一性是建立在差异性的基础之上，譬如，英国哲学家约翰·洛克在《人类理解论》中首次引入了"同一性"概念，他表示："我们如果把一种事物在某个时间和地点存在的情形，同其在另一种时间和地点时的情形加以比较，则我们便形成同一性（identity）和差异性（diversity）的观念。我们如果看到任何事物在某地某时存在，则我们一定会相信（不论它是什么），它就是它，而不是别的"，② 并基于此提出"人格同一性"，认为"人格是有思想、有智慧的存在者，他有理性和反思能力，能够在不同的时间和地点认自己为自己、为同一的思想物"③；休谟则认为，人格同一性应分为"思想或想象方面的人格同一性"和"情感或我们对自身的关切方面的人格同一性"，其中前者是指个体将某种事物归于同类主要根据我们的相似知觉进行想象或思想，后者则是指情感使我们的知觉相互影响，并且使我们当下对于过去或将来发生的事情产生一种关切之感。④

在心理学研究中，认同主要指具有主体意识的自我对自身同一性、与他人同一性的主观肯定态度。奥地利心理学家弗洛伊德最早在心理学

---

① 白苏婷、秦龙、杨兰：《认同概念的多学科释义与科际整合》，《学术界》2014 年第 11 期，第 80 – 90 页。

② 洛克著、关文运译：《人类理解论（上册）》，商务印书馆 1959 年版，第 302 页。

③ John Locke, An Essay Concerning Human Understanding, London: George Bell and Sons, 1902, p. 9. 转引自张桂权：《论人格同一性——洛克、莱布尼茨、休谟的解释与争论》，《四川大学学报（哲学社会科学版）》2011 年第 3 期，第 93 – 100 页。

④ 休谟著、关文运译：《人性论》，商务印书馆 1980 年版，第 282 页。

领域提出"认同"概念，并从人的生物性出发，认为"认同"是普遍的心理过程，潜意识中的本能促使个体模仿他人，将他人的价值规范内化于自身，获得心理上的同一性感觉。[①] 埃里克森则在此基础上，将认同的研究范围扩展到人的一生，提出了"自我认同"（ego identity）概念，认为认同是个体在寻求自我发展过程中对自我在社会系统中的定位，包括价值观、职业等的选择和定位，旨在解决"我是谁"的问题，是个体在自我的基础上所产生的一种心理感受或态度；并且这种"认同"的建构不仅是生物性的，也是社会性的产物，具有建构性和历史性，在一定的社会背景中产生。[②] 相继，泰弗尔和特纳认为"认同"除了包括"自我认同"外，还应包括"社会认同"（social identity）概念，即社会个体将自己定义为某种社会群体的成员并且将这种社会群体的典型特征赋予自身的心理表现，进而将认同的研究对象从自我认同拓展到社会（群体）认同领域。他们认为，人在通过范畴化进行认知过程中，会以自身和他人的同一性为基础，将具有同一性的划分为同一范畴，而将具有差异性的则划分为不同范畴，进而通过社会比较，将正面的、积极的评价赋予所属群体，以实现对自尊的满足，进而回答了"我们是谁"和"个体如何认同群体"等问题。[③] 豪格和阿布拉姆斯认为，个体的认同建构是处于社会化的过程之中，"自我范畴化可以让群体成员发现意义和秩序，因为自我范畴化之后，我们归属的群体就会向我们指明应该遵循怎样的规范，应该拥有什么样的刻板性'理想'特质。人们会应用他们对群体资格的了解，来决定在无数可能的规范当中，他们应该遵循哪一条规范"。①

在社会学研究中，认同则主要是指身份认同，强调社会群体诸如家庭纽带、同业团体成员资格、社会阶层等所存在的趋同性或对某种特性的一致性认可。身份作为社会学中的重要概念，是社会成员的重要表征，拥有某种身份往往会形成某种社会地位，从而获得方位感，因此"身份"研究不仅涉及"我们"之间的同一性，还涉及"我们"与"他们"的差异性、我们在何种意义上与他们区别开来。譬如塞缪尔·亨廷顿在《我们是谁：美国国家性面临的挑战》中梳理了"我们美国人"这一国民身份的出现和消长的过程，认为对内寻求我们之间的同一性，对外强化我们与他们之间的差异性，是国家特性/国民身份建构的重要途径。② 查尔斯·泰勒通过梳理现代认同的历史认为，"认同"的核心在于要解决的是如何确定自身身份的方向性定位。身份是主体在特定语境下不断建构的产物，身份认同涉及主体对"我是谁"和"我立于何处"的不断追问，进而确立个体内在的"道德框架"和"向善的方向感"。③ 斯图亚特·霍尔则认为，认同问题的核心是主体问题，而主体则是在话语实践过程中而建构起来的；与前现代社会相对稳定的话语体系不同，当代现代性的话语体系充斥着诸多复杂、相互对立的话语实践，使得现代性认同呈现碎片化、多元化的趋势，主体的认同也正从前现代社会的"我是谁"的话语建构向"我们会成为谁"的未来式话语建构转变。④

综上所述，本研究中的"认同"更倾向于采用心理学中的认同，

①　迈克尔·A. 豪格、多米尼克·阿布拉姆斯著、高明华译：《社会认同过程》，中国人民大学出版社 2011 年版，第 264 页。

②　塞缪尔·亨廷顿著、程克雄译：《我们是谁：美国国家特性面临的挑战》，新华出版社 2005 年版，第 20 - 23 页。

③　查尔斯·泰勒著、韩震等译：《自我的根源：现代认同的形成》，译林出版社 2012 年版，第 35 - 40 页。

④　Hall S. and Gay P. D. *Questions of cultural identity*. Sage Publication，1900：4.

即主体自我对自身同一性、与他人同一性的感知与认可状态，并且包含以下两层意思：首先，认同不仅具有主体性，也具有客观性。认同并非是自发产生的，而是在复杂的社会互动过程中通过自我观照和规范的学习而逐渐形成的，[①] 其中客观性强调认同的形成离不开与他人的社会互动过程，而主体性则强调个体将社会互动进行自我内化的过程。其次，认同的过程是动态的而非固定不变的。吉登斯认为，认同是由人类自己创造的一个动态的、没有终点的过程，[②] 不仅随着外部社会环境的变化而变化，也伴随着自我认知和态度的变化而变化。

二、"职业认同"的界定

职业认同（vocational/occupational/professional identity），是在认同概念特别是社会认同概念基础上延伸出来的一个概念，并逐步被用来考量职业工作者的职业心理状态。美国学者阿瑟·萨尔兹认为"职业"是人们为了获取经常性的收入而从事连续性的特殊活动，是社会分工体系中人们所获得的一种劳动角色；职业群体作为社会群体的一种表现形式，其内部成员所形成的职业认同也基本遵循社会认同的规律。[③]

关于职业认同概念的界定，Holland 和 Johnston 将其界定为，是个体关于自身职业目标（goals）、兴趣（interests）和才能（talents）所形成的清晰稳定的认识，并强调职业认同是一个相对长期稳定的状态。[④]

---

① 沈辉：《当代中国中间阶层认同研究》，大百科全书出版社 2008 年版，第 49 页。

② Barker Chris, *Culture Studies: Theory and Practice*, London: Sage Publication, 2000, p. 166.

③ 转引自朱伏平、张宁俊：《职业认同与组织认同关系研究》，《商业研究》2010 年第 1 期，第 68－71 页。

④ Holland J. L., Johnston J. A., and Asama N F., "The Vocational Identity Scale: A diagnostic and treatment tool," *Journal of Career Assessment*, Vol. 1, No. 1, 1993, pp. 1－12.

而 Melgosa 则认为职业认同是个体对职业工作的基本判断，是一个动态变化的过程，并将职业认同建构过程大体可以分为"获得（achievement）""暂停（moratorium）""排斥（foreclosure）"和"扩散（diffusion）"四个阶段。① 但 Holland 和 Johnston、Melgosa 主要从职业选择的角度出发，通过解决个体的职业认同问题来帮助其选择正确的职业。而 Ibarra 则从职业认同的内容出发，认为职业认同可以被界定为个体基于职业属性特征、职业信念、职业价值观、职业动机和职业经历而形成的自我职业观念。② Moore 和 Hofman 从社会关系角度出发，认为职业认同是"个体在多大程度上认为自己的职业角色是重要的有吸引力的与其他角色是融洽的"。③ 另外，Ashforth 和 Mael 认为，由于职业群体中个体所具有的复合角色特征，即职业认同的对象可能是工作单位、子单位、组织或专业团体等，④ 使得在界定具体群体的职业认同时需明确职业认同对象的边界。

国内学者樊亚平则将"职业认同"概念应用于新闻传播学科领域，认为"职业认同"是新闻从业者对自己的职业身份、职业价值、职业特征的认同状态，是其职业认知、情感、动机、期望、意志、价值观、满意度、忠诚度等构成的综合性的职业心理状态。⑤ 他认为，就新闻从业者而言，职业认同不仅是一种内在的精神状态，即个体对新闻职业的目标、社会价值及其他因素的整体看法；而且是一种动态的变化发展过

---

① Melgosa J. , "Development and validation of the occupational identity scale," *Journal of Adolescence*, Vol. 10, No. 4, 1987, pp. 385 – 397.

② Ibarra H. , "Provisional selves: Experimenting with image and identity in professional adaptation," *Administrative Science Quarterly*, Vol. 44, No. 4, 1999, pp. 764 – 791.

③ Moore M. & Hofman J. E. , "Professional identity in institutions of higher learning in Israel," *Higher Education*, Vol. 17, No. 1, 1988, pp. 69 – 79.

④ Ashforth B. E. , Mael F. , "Social Identity Theory and the Organization," *Academy of Management Review*, Vol. 14, No. 1, 1989, pp. 20 – 39.

⑤ 樊亚平、王小平：《"爱报之心甚于生命"——史量才职业认同探析》，《兰州大学学报（社会科学版）》2010 年第 5 期，第 22 – 27 页。

程，即个体与周围的职业环境通过不断的相互作用，进而深化对新闻职业的认识。① 因而，新闻从业者的自我职业认同，不仅可以增强他们在新闻群体中的归属感，而且可以内化为一种自我约束的道德力量，影响他们的新闻实践行为。

结合以上定义，本研究将新闻从业者的"职业认同"界定为"新闻从业者将自己定义为新闻记者群体的成员并且将该群体的典型特征赋予自身的心理表现和过程，是个体关于新闻职业的认知、情感、动机、期望、意志、价值观、满意度、忠诚度等方面所形成的'认可''承认''接受'的基本判断"。其中大体包含以下三个方面：第一，职业认同是客观性和主体性的统一，职业认同的建构不仅与具体的社会结构、文化环境、群体结构等有关，而且在建构过程中也具有主体能动性，是新闻从业者（主体）结合自身对客观环境的理解而形成的对该职业的认同；第二，新闻从业者的职业认同，不仅是新闻从业者主体对新闻职业工作的一种主观认可状态，而且其建构过程也是随着社会的变迁而不断变化的，并非一成不变的；第三，新闻从业者的职业认同，是包括职业认知、情感、动机、期望等诸多方面的一种综合性概念，具有广泛性和复杂性的特征，这决定了对职业认同的考察应分为多个维度进行综合判断。

三、"职业认同危机"的界定

根据社会建构主义理论，职业认同的形成并非天然拥有的客观存在，而是在"在特定时期里，透过社会情境的磋商及自我评估过程建

---

① 樊亚平：《从历史贡献研究到职业认同研究——新闻史人物研究的一种新视角》，《国际新闻界》2009 年第 8 期，第 101 - 104 页。

构而来的"，是自我（self）与他者（other）之间的一种关系的认定，①
是经过长时间沟通、协商出来的结果。美国社会心理学家乔治·赫伯特
·米德（George Herbet Mead）认为人是一种社会性动物，自我的形成
是通过作为意愿与行为主体的"主我"和作为他人社会评价和社会期
待的"客我"之间的不断互动而逐渐形成、发展和变化的，其中"主
我"的形成主要依赖于自我的感知和欲望，而"客我"的形成主要通
过"共同体"② 而获得，而"主我"和"客我"之间并非完全一致的，
导致在实践过程自我的形成存在着大量的冲突和整合过程。③ 瑞士心理
学家和哲学家让·皮亚杰（Jean Piaget）通过对儿童的成长过程研究发
现，人在与周围环境作用过程中主要存在两个基本过程："同化"（as-
similation）与"调节"（accommodation）。其中"同化"是指个体把外
界环境中的有关信息整合到自己原有的认知结构中，起到一个对原有知
识结构进行补充的作用；而"调节"则是指因外部环境发生变化，个
体的原有认知结构已难以适应社会进而进行重组和改造认知结构的过
程，是对原有认知结构进行改变的状况。而人的认知结构就是通过
"同化"和"调节"过程逐渐建构起来的，并始终处于"平衡—不平
衡—新的平衡"的循环状态中。④ 埃里克森认为，人在建构认同过程中
必然会跟随社会环境的变化而做出调整，进而产生肯定或不满的主观态
度。其中不满的态度主要源自同一问题的产生，即为"认同危机"。⑤

---

① 杨梅：《美国城市青年教师自我认同危机及其原因初探》，《外国教育研究》2005 年
第 3 期，第 22 - 24 页。
② 米德认为，共同体主要由两部分构成：一是合作群体中个体对与自身有直接联系的
"有组织的他人"，二是整个人类社会群体中的"泛化的他人"。
③ 乔治·赫伯特·米德著、霍桂恒译：《心灵、自我和社会》，北京联合出版公司 2014
年版，第 336 - 345 页。
④ 让·皮亚杰著、王宪钿等译：《发生认识论原理》，商务印书馆 1981 年版，第 29 -
64 页。
⑤ 埃里克森著、孙名之译：《同一性：青少年与危机》，浙江教育出版社 1998 年版。

认同问题的重要性不是因为人与自身、社会系统所天然具有的同一性，而是因为同一性缺失造成社会断裂性和混乱型的存在，正是这种主观建构与客观存在、持续性与断裂性、同一性与差异性的博弈，使得认同变得有意义。

职业认同作为社会认同的一部分，其基本状况大体也符合社会认同的基本观点。社会认同理论认为，个体对于所属群体的意义和价值的认知，主要是通过社会比较而实现的，通过社会比较，个体将正面的、积极的评价赋予其所属的群体，将群体的差异性最大化进而实现个体对自尊的满足。当个体不能从与其他群体的比价中提升自尊获得积极的自我评价时，个体就会诉诸群体以改变这种消极的社会认同。或选择从当前地位较低的群体流动到地位较高的群体（即离职），或是会选择对所属群体的负面特征重新定义（即认同度低下）。① Reader 认为职业认同属于自我认同的一部分，从自我认同的不同状态，个体在职业认同方面也存在着四种情况：认同实现（Identity Achievements）是那样的个体，他们经历了一段决策时期，并且正在追寻着自我选择的职业和意识形态目标；封闭（Foreclosures）是那样的人，他们也忠于职业和意识形态立场，但是源于父母选择而不是自我选择。他们没有出现些许或显著的"危机"；认同弥散（Identity Diffusions）是那样的年轻人，他们没有固定的职业或意识形态方向，更别说是否经历过一段决策时期；延迟（Moratoriums）是那样的个体，他们目前正在职业或意识形态问题中挣扎，正处在认同危机之中。② 此外，萨柏（Super）认为，任何时刻的生活都是一个角色集合，诸如孩子、学生、休闲者、公民、工人、父母

① 转引自白苏婷、秦龙、杨兰：《认同概念的多学科释义与科际整合》，《学术界》2014 年第 11 期，第 80 - 90 页。

② Sabine Raeder, Vocational Identity. Rauner F. & Maclean R. （eds.）, *Handbook of Technicaland Vocational Education and Training Research*, Netherlands：Springer, 2008, pp. 497 - 501.

和主妇等。随着一个人跨越不同的生活阶段，主导性生活角色就会改变。在某一个别时刻，两个或三个角色会出现在更加中心的位置，而其他角色则处在边缘位置。生活空间是由一个人在不同情境或文化"舞台"（包括家庭、社区、学校和工作场所）和特定时刻所扮演的不同生活角色的组合。当个体无力去处理同他们的多重角色相关的需求时，就会出现角色冲突、角色干涉和角色紊乱。①

　　基于此，本研究认为，新闻从业者的职业认同建构过程并非是一蹴而就的，而是处于"认同—危机—新的认同"的循环动态发展过程中，并且存在着大量的冲突、斗争与妥协的过程，进而将新闻从业者的"职业认同危机"界定为"新闻从业者在新闻职业认同形成过程中所产生的冲突和矛盾"。

第二节　职业认同危机的相关研究

　　关于职业认同或职业认同危机的研究，目前国内外学界主要聚焦于以下三个领域，分别为：职业认同或职业认同危机的表现及测量方法、职业认同或职业认同危机的影响因素研究，以及职业认同或职业认同危机的影响效果研究。

一、职业认同危机的表现及测量方法

　　纵观目前国内学者对职业认同的研究，多集中于教师、警察、医生等群体；并且对职业认同的测量，也多借鉴组织认同的相关成果，从认

---

① 张永：《基于自我认同的职业认同研究取向》，《外国教育研究》2010 年第 4 期，第 7 - 9 页。

知、情感（包括评价）和行为三个维度进行测量。① Holland 认为职业认同是指个体关于职业目标、兴趣、理念和价值观等清晰稳定的认识，能够帮助个体在面对不确定的环境下进行职业行为决策，进而编制了职业认同量表（VIS, Vocational Identity Scale）。② Melgosa 则认为职业认同是一个过程，并基于 Marcia 的"自我认同进程"理论将职业认同分为获得、暂停、排斥、扩散四个阶段，进而编制了 28 道题目（OIS, Occupational Identity Scale）。③ 但这两个量表多用于职业选择过程中，虽对从业者关于职业的心理态度考察具有一定的参考价值，但未能很好地测量职业工作者对其所从事职业工作的"认可""承认""接受"态度。对此，Meyer 从情感认同、规范认同和持续认同三个维度测量职业认同，其中情感认同是指个体对职业所形成的依恋和认同心理导致想继续维持该职业的意愿；规范认同是指个体从职业中获取一定利益而形成的对该职业的忠诚度；持续认同是指个体因离开某一职业而必须承担一定成本而不得不继续该职业的感知。④ Brickson 认为教师职业认同大体可以分为认知、情感、行为和社会四个方面。⑤ 国内学者魏淑华等人则将上述理论应用于国内教师群体中，通过因子分析法将职业认同分为"职业价值观""角色价值观""职业归属感"和"职业行为倾向"四

---

① 张若勇、牛琬婕：《组织中多元认同的研究述评》，《华东经济管理》2014 年第 11 期，第 150 – 154 页。

② Holland J. L., Johnston J. A., and Asama N F., "The Vocational Identity Scale: A diagnostic and treatment tool," *Journal of Career Assessment*, Vol. 1, No. 1, 1993, pp. 1 – 12.

③ Melgosa J., "Development and validation of the occupational identity scale," *Journal of Adolescence*, Vol. 10, No. 4, 1987, pp. 385 – 397.

④ Meyer J. P., Allen N. J., and Smith C. A., "Commitment to organizations and occupations: Extension and test of a three – component conceptualization," *Journal of applied psychology*, Vol. 78, No. 4, 1993, pp. 538 – 551.

⑤ Brickson S., "The impact of identity orientation on individual and organizational outcomes in demographically diverse settings," *Academy of management Review*, Vol. 25, No. 1, 2001, pp. 82 – 101.

个层面，① 其中"职业价值观"和"角色价值观"属于职业认知领域，"职业归属感"属于职业情感领域，而"职业行为倾向"属于职业行为领域。王钢等人从职业认知、职业需要、职业情感和职业意志四个方面考察幼儿教师的职业认同。②

而关于职业认同危机的研究，目前国内外学者多采用定性研究的方法进行探索，而缺乏定量研究的方法；并且其研究思路多聚焦于政策、社会、技术环境变化下教师、医生等群体所产生的职业认同危机问题，并且其基本研究思路大体有三条：第一，群体对职业认同特征的感知研究，主要描述群体对自己的职业认同各方面的总体认识、与他们职业的特殊方面的感知等；第二，有关职业认同的形成过程研究，主要聚焦群体职业认同形成过程中个体与环境之间的张力；第三，对能够呈现出群体职业认同的个体传记进行文本分析。③ 譬如，学者 Baumeister、Shapiro 和 Tice 认为，个人在建构职业认同过程中大体会经历一种合法性认同危机（legitimation crisis），即个人因缺乏对指导性规则的了解而努力建立个人目标和价值过程中所存在的认同危机。④ 泰勒则认为，由科学技术带来的现代社会所提倡的个人自由，正逐渐瓦解着社会的共同体，使得个体对生存的价值与意义、自我定位的方向感逐渐丧失，焦虑感却

---

① 魏淑华、宋广文、张大均：《我国中小学教师职业认同的结构与量表》，《教师教育研究》2013 年第 1 期，第 55 - 60 页。其中"职业价值观"是指教师个体对教师职业的意义、作用等的积极认识和评价，"角色价值观"是指教师个体对教师角色对自我的重要程度等的积极认识和评价，"职业归属感"是指教师个体对自己与其职业的关系的积极感受和体验，"职业行为倾向"是指教师表现出完成工作任务、履行职业责任的行为倾向。

② 王钢、张大均、刘先强：《幼儿教师职业压力，心理资本和职业认同对职业幸福感的影响机制》，《心理发展与教育》2014 年第 4 期，第 442 - 448 页。

③ 魏淑华、山显光：《国外教师职业认同的研究现状》，《外国教育研究》2005 年第 3 期，第 15 - 17 页。

④ Baumeister R. F., Jeremy P. S., and Dianne M. T., "Two kinds of identity crisis," *Journal of personality*, Vol. 53, No. 3, 1985, pp. 407 - 42.

不断增加，"焦虑打击到我们自己的内在'核心'：它是我们自身的存在受到威胁时所感受到的那种东西"。① 国内学者楚江亭认为，随着风险社会的到来，传统的"例行化""有序性"也逐渐消亡，教师群体在这种充满不确定性的社会情境中产生了焦虑感加剧、创造性日渐衰竭和对自我认同和社会认同关系割裂等问题。②

二、职业认同危机的影响因素研究

关于职业认同危机的影响因素研究，目前国内外研究较为匮乏；但关于职业认同的影响因素研究，则有较多研究。社会建构理论认为，职业认同的形成并非天然拥有的客观存在，而是在实践中通过不断与他人（同侪群体、示范群体、前人所形成的书本等）互动所产生的结果，是个体在职业实践中根据内在参考系统所理解到的自我，③ 是结构性和建构性的有机统一，其中结构性是指社会制度、组织规范等内在标准对个体观念的约束，而建构性则是个体根据自身经验和对发生事件的观察理解而进行的主动确认和选择，④ 两者之间通过不断的互动和协调，或形成与职业群体期待、社会期待相一致的结果，或形成与职业群体期待、社会期待相背离的结果，导致产生较大的冲突和矛盾。并且这种认同一旦被建立起来，它就成为人们意义与经验的来源，引导或暗示人们以认同作为参照标准从事相关社会活动，并以此建构符合认同所指的"意

---

① 查尔斯·泰勒著、韩震等译：《自我的根源：现代社会的形成》，译林出版社 2001年版，第 787 页。

② 楚江亭：《风险社会与教师自我认同危机》，《教师教育研究》2009 年第 21 期，第 56 - 61 页。

③ 安东尼·吉登斯著、赵旭东等译：《现代性与自我认同》，生活·读书·新知三联书店 1998 年版，第 58 页。

④ 王勇：《试析文化冲突背景下乡村教师的身份认同危机》，《教育探索》2013 年第 2期，第 88 - 90 页。

义"的自我；但在社会变革过程中，"以抗拒性为开端的认同有可能在社会制度当中占据支配地位，从而转变为合法性认同"，也可能发展成为一种"重新界定该群体社会位置并借此寻求社会结构全面改造"的"计划性认同"。① 卡斯特认为，"认同的建构所运用的材料来自历史、地理、生物、生产与再生产制度、集体记忆及个人的幻想、权利机器及宗教等。但是个人、社会群体及社会，根据于其社会结构及其时间/空间架构所产生的社会意志及文化计划，处理了这些材料，并重新安排了他们的意义。"② Bandura 认为，人与环境之间存在着相互影响。生涯目标和选择的形成是自我效能、结果期望和历时兴趣之间相互作用的结果。伦特（Lent）把自我效能（self – efficacy）界定为"同特定行为领域和活动相连的一套动力性信念"。自我效能期望影响着应对障碍和困难的具体行为的发起和维持。伦特等人（Lent，Brown & Hackett）把结果期望（outcome expectations）界定为"有关完成特定行为结果或成果的个人信念"。结果期望包括有关同完成目标行为相关的外在奖赏的信念、自我导向结果和由执行任务带来的结果。③

在实证研究中，个体因素（性别、年龄、自我效能感等）和环境因素（家庭、工作环境等）通常为学者所考虑。譬如，Worthington 针对护士群体的调查发现，相比女护士，男护士的职业认同感更低；④ Holland、Gottfredson 和 Power 的研究发现，随着个体年龄的增大，职业

---

① 曼纽尔·卡斯特著、夏铸九等译：《认同的力量》，社会科学文献出版社 2003 年版，第 2 – 10 页。
② 曼纽尔·卡斯特著、夏铸九等译：《认同的力量》，社会科学文献出版社 2003 年版，第 2 – 4 页。
③ 张永：《基于自我认同的职业认同研究取向》，《外国教育研究》2010 年第 4 期，第 7 – 9 页。
④ Worthington M. , Salamonson Y. , Weaver R. , et al. , "Predictive validity of the Macleod Clark Professional Identity Scale for undergraduate nursing students," *Nurse Educ Today*, Vol. 33, No. 3, 2013, pp. 187 – 91.

认同水平也会越高;① Gushue 等人通过对美国非洲裔高中生的调查发现，学生对职业的自我效能感越高，职业认同越高。② 同样地，Penick 和 Jepsen 将家庭关系划分为融洽型、表现型、冲突型、好交际和理想型等类型后发现，在表现型家庭关系中成长的个体职业认同度最高，而在冲突型家庭关系中成长的个体职业认同度最低;③ Fagerberg 的研究指出，护士群体的内部工作关系对个体的职业认同度具有显著性影响。④ 朱伏平认为，教师职业认同是一个多面体的事实，历史因素、社会因素、心理因素和文化因素都会影响到教师自我的"教师感觉"。由于职业认同可能由多层次认同组成，这些认同可能是相互冲突或相互联合的。因此，同样可以从个体层面和环境层面来分析影响职业认同形成的因素。⑤ 此外，陈辉和甄孝丽通过对中学政治教师的研究发现，职业认知认同、情感认同、行为认同三者之间存在层层递进的影响关系，即职业认知认同会影响情感认同进而作用于行为认同，并且存在正向积累效应。⑥

---

① Holland J. L., Gottfredson D. C. and Power P. G., "Some Diagnostic Scales for Research in Decision Making and Personality: Identity, Information, and Barriers," *Journal of Personality & Social Psychology*, Vol. 39, No. 6, 1980, pp. 1191 – 1200.

② Gushue G. V., Clarke C. P., Pantzer K. M., et al., "Self – Efficacy, Perceptions of Barriers, Vocational Identity, and the Career Exploration Behavior of Latino/a High School Students," *Career Development Quarterly*, Vol. 54, No. 4, 2006, pp. 307 – 317.

③ Penick N. I. and Jepsen D. A., "Family Functioning and Adolescent Career Development," *Career Development Quarterly*, Vol. 40, No. 3, 2011, pp. 208 – 222.

④ Fagerberg I. and Kihlgren M., "Experiencing a nurse identity: the meaning of identity to Swedish registered nurses 2 years after graduation," *Journal of Advanced Nursing*, Vol. 34, No. 1, 2001, pp. 137 – 145.

⑤ 朱伏平、张宁俊:《职业认同与组织认同关系研究》,《商业研究》2010 年第 1 期, 第 68 – 71 页。

⑥ 陈辉、甄孝丽:《中学政治教师职业认同的结构与测量》,《现代基础教育研究》2016 年第 1 期, 第 71 – 76 页。

三、职业认同危机的影响效果研究

关于职业认同危机的影响效果研究，目前国内外研究较少涉及；但关于职业认同的影响效果研究，则有诸多研究，其研究思路大体有两条：一条是关于职业认同对个体职业态度、内在感受等情感的影响，另一条则是关于职业认同对个体职业行为表现、工作绩效等行为的影响。

其中在第一条研究思路中，根据 Hall 的研究，具有较高职业认同的工作者往往能够在工作过程中体验到主观上的成功感（即价值感和使命感），并且这种主观上的成功感会作为一种内在激励，进一步加强主体的工作积极性。[1] 罗杰等人通过对 234 名中学教师的问卷调查发现，职业认同对个体的情感承诺既有正向的直接效应，也有一定的间接效应，即通过工作满意度的中介作用对情感承诺产生正向作用。[2] 王钢、张大均和刘先强的研究发现，职业认同对职业幸福感具有明显的正向促进作用，而职业压力（工作负荷、职业期望等）和心理资本（自信、乐观、韧性等）对职业幸福感并不会直接产生显著性影响，而是通过职业认同中介变量进而产生影响。[3] 刘玲、张雅丽和刘晓虹对上海市 9 所医院的问卷调查发现，护士的职业认同处于中等水平，并且职业认同对缓解该群体的工作压力和职业倦怠具有明显的正向作用。[4]

在第二条研究思路中，诸多学者研究均发现，职业认同对于提高个

---

[1] Hall D. T. , "Psychological Success: When the Career Is a Calling," *Journal of Organizational Behavior*, Vol. 26, No. 2, 2005, pp. 155 – 176.

[2] 罗杰等：《教师职业认同与情感承诺的关系：工作满意度的中介作用》，《心理发展与教育》2014 年第 3 期，第 322 – 328 页。

[3] 王钢、张大均、刘先强：《幼儿教师职业压力、心理资本和职业认同对职业幸福感的影响机制》，《心理发展与教育》2014 年第 4 期，第 442 – 448 页。

[4] 刘玲、张雅丽、刘晓虹：《护士职业认同水平与其工作压力、职业倦怠的相关性研究》，《护理管理杂志》2009 年第 8 期，第 1 – 2 页。

体的工作绩效、工作积极性等具有显著促进作用。譬如，Mosley - Howard 通过对面临职业转换群体的研究发现，具有较高职业认同的个体在面临不确定环境时，往往能够表现更加自信、更加乐观，主动地进行相关的职业决策。① McArdle 等人以失业的澳大利亚人为研究对象发现，高职业认同的个体在失业期间往往会采取更积极的求职行为，进而拥有更多重新就业的机会。② 同样地，Hall 和 Chandler 的研究发现，高职业认同的个体在工作过程中往往具有较高的环境适应能力，能够根据环境的变化进行相应的调整，进而有助于实现个人的工作目标，提高个人的工作绩效。③ 宋艳蕾等人通过对哈尔滨市 4 所医院的护士进行问卷调查发现，护士职业认同水平整体属于中等水平，并且职业认同对工作绩效具有显著的正向促进作用。④ 王沛和刘峰则基于社会认同威胁理论认为，在社会比较的情况下，由于群体地位的差异，某一群体的个体在认知、情感上，对自我、所属群体身份的不承认，而产生的一种心理上的疏离感和剥夺感、自卑感，进而使其可能产生的结果主要包括脱离群体、改变群体的状态、接受消极的社会认同结果。⑤

---

① Mosley - Howard G. S. and Andersen P. ，"Using my vocational situation with workers facing a plant closing," *Journal of Career Development*，Vol. 19，No. 4，1993，pp. 289 - 300.

② Mcardle S. ，Waters L. ，Briscoe J. P. ，et al. "Employability during unemployment：Adaptability，career identity and human and social capital," *Journal of Vocational Behavior*，Vol. 71，No. 2，2007，pp. 247 - 264.

③ Hall D. T. ，"Psychological Success：When the Career Is a Calling," *Journal of Organizational Behavior*，Vol. 26，No. 2，2005，pp. 155 - 176.

④ 宋艳蕾等：《护士职业认同感对工作绩效的影响研究》，《护理管理杂志》2017 年第 4 期，第 229 - 231 页。

⑤ 王沛、刘峰：《社会认同理论视野下的社会认同威胁》，《心理科学进展》2007 年第 5 期，第 822 - 827 页。

第三节 新闻从业者职业认同危机的相关研究

关于新闻从业者职业认同危机的专门研究，目前无论是国外还是国内的研究均相对匮乏。同样地，聚焦到新闻从业者群体的职业认同，即新闻从业者是如何看待新闻职业或新闻职业工作，目前学界也较少涉及。学者陶建杰和张涛率先采用量化研究的方法聚焦新闻从业者的职业认同问题，将职业认同分为了"职业价值""职业自信""职业兴趣"和"职业预期"四个维度，并认为校内教育和校外实习而非性别、年龄等人口统计学因素是造成新闻专业学生职业认同差异的主要原因。[①]韩晓宁和王军参照魏淑华等人的量表，将职业认同分为"职业价值观""角色价值观""职业归属感"和"职业行为倾向"，并认为从业体验层面的实习经历和职业志向层面的理想媒体选择和媒体功能认知对新闻实习生的职业认同具有显著性影响。[②] 除此之外，与之相关的关于新闻从业者职业心理方面的研究主要有：

一、职业身份认同危机研究

包括从历史视角梳理新闻从业者的职业身份认同发展历程和采用定量、定性等研究方法考察当前新闻从业者的身份模糊与多重性特征等。这方面的研究目前多集中于国内学者，譬如樊亚平通过梳理 1815—1927 年中国新闻记者职业身份的发展历史，认为其发展历程大体经历

[①] 陶建杰、张涛：《上海地区新闻专业本科生的职业认同及其影响因素》，《国际新闻界》2016 年第 8 期，第 116 – 133 页。

[②] 韩晓宁、王军：《从业体验与职业志向：新闻实习生的职业认同研究》，《现代传播》2018 年第 5 期，第 151 – 155 页。

了三个阶段：第一，从近代报纸生产到 1895 年甲午战争失败，该阶段的新闻记者多是文人办报，呈现出文人、士人、才子等角色与办报者角色之间的冲突；第二，甲午战争至民国成立前，这一时期的从业者多将报纸视为政治工具，多通过报纸来抒发其救国、革命等政治思想；第三，民国成立到北洋军阀统治末期，职业记者初步形成，如邵飘萍、史量才等均对报业具有较强的新闻志趣与理想。① 姜红和於渊渊通过对近代中国新闻记者身份转变的研究发现，中国新闻记者大体经历了一个由"名士"到"报人"的过程，即传统的"士"已不在，但近代新闻人"兼济天下"的使命感内化成其职业身份认同，与现代西方新闻观念混合，成为"苍茫浓重的传统文化底色"。② 樊亚平、姜红和於渊渊的研究均充分体现出早期中国新闻记者在传统的学而优则仕、文人兼济天下思想与西方新闻专业主义所注重的社会公器、第四权力、公共利益思想之间的徘徊和融合。除了从纵向历史的维度梳理外，还有以具体新闻事件或案例剖析新闻记者的职业认同观。如田中初以阮玲玉事件为例，展现出 20 世纪 30 年代社会民众对新闻记者的"无冕之帝王、社会之师表"的角色期待，以及新闻记者自身所追求的"真实、客观报道""社会监督者"的职业规范。③

21 世纪初至今，体现为互联网技术对新闻记者职业身份认同的冲击。美国学者 Zelizer 认为，以数字技术为核心的互联网、移动互联网媒体正在给新闻业带来诸多不确定性，使得新闻从业者在同质化的话语体系中面临着多元的挑战、机遇与创新。④ Weaver 等人于 2013 年对美

---

① 樊亚平：《中国新闻记者职业认同研究》，人民出版社 2011 年版，第 1 页。
② 姜红、於渊渊：《从"名士"到"报人"：近代中国新闻人职业身份认同的承续与折变》，《新闻与传播评论》2010 年第 00 期，第 206 - 212 页。
③ 田中初：《规范协商与职业身份认同——以阮玲玉事件中的新闻记者为视点》，《新闻与传播研究》2010 年第 2 期，第 11 - 20 页。
④ Zelizer B.，"Terms of Choice：Uncertainty, Journalism, and Crisis," *Journal of Communication*, Vol. 65, No. 5, 2015, pp. 888 - 908.

国 1080 名记者的角色认同进行问卷调查发现，不到 46% 的受访者认为传播者的角色重要，相比 10 年前的 68% 已有大幅下滑；而解释者的认同度则有大幅提升，达到 78%。说明互联网技术的出现使得新闻记者已逐渐认识到自身的价值不在于传播突发消息，而在于对新闻的解释性报道。[1] 彭增军认为，社交媒体的出现使得美国新闻从业者正面临着职业权力的丧失，具体表现在：（1）新闻的公共性让位于商业性，导致新闻人主导权的丧失；（2）新闻人编辑权的丧失；（3）职业地位的丧失；（4）新闻人丧失了职业上升通道，进而对职业价值和意义产生了巨大的怀疑和困惑，身份认同和自我认同均面临着巨大的危机。[2] 该现象在中国新闻记者群体也同样存在，譬如李艳红和陈鹏认为，互联网技术正使得新闻从业者变得日益商业化，而对新闻报道品质的要求逐渐下降、记者专业规范逐渐模糊等。[3] 丁方舟和韦路则通过对"记者节"微博话语的文本分析，发现在社会化媒体背景下，未转型的新闻人面临"技术、商业、管制"三重冲击，并运用"新闻理想"这一象征性资源，重塑职业正当性，进而缓解职业身份认同危机。而已转型的新闻人，则面临着身份无法得到承认，职业尊严难以获得的困境。[4] 赵云泽等人通过对新闻记者群体的问卷调查发现，当前中国新闻记者的"自我认同"已从"无冕之王"逐渐转向"新闻民工"；"社会认同"则总在"舆论监督者""客观记录者""宣传者""社会建设参与者"的角色中纠结与调整；并且记者职业神圣感的丧失、职业伦理的下滑等问

---

[1] 转引自彭增军：《记者何为?》，《新闻记者》2016 年第 10 期，第 50 - 54 页。

[2] 彭增军：《权力的丧失：社交媒体时代新闻人的职业危机》，《新闻记者》2017 年第 9 期，第 65 - 69 页。

[3] 李艳红、陈鹏：《"商业主义"统合与"专业主义"离场：数字化背景下中国新闻业转型的话语形构及其构成作用》，《国际新闻界》2016 年第 9 期，第 135 - 153 页。

[4] 丁方舟、韦路：《社会化媒体时代中国新闻人的职业困境——基于 2010 - 2014 年"记者节"新闻人微博职业话语变迁的考察》，《新闻记者》2014 年第 12 期，第 3 - 9 页。

题，又会反过来加速记者职业身份认同的下滑，形成一个恶性循环。[①]

二、职业理念认同危机研究

主要采用问卷调查、深度访谈等研究方法，侧重考察新闻从业者对新闻专业主义理念的认同状况，尤其是如何权衡组织认同（organizational identity）和专业认同（professional identity）之间冲突和矛盾关系。譬如陈力丹、王辰瑶等人通过田野观察、深度访谈等研究方法展开职业规范研究，得出当前新闻记者职业道德水平偏低，外部环境存在着不利于新闻职业化的瓶颈，而内部滋生的疲弊、倦怠、漠然与浮躁也在侵蚀从业者的品格。[②] 美国学者 Slay 对 20 位非裔美国记者的深度访谈得出，相比美国主流的"客观"报道方式，非裔记者更倾向于采用"鼓动者"的报道立场。[③] 同时，女性体育记者在新闻报道中，必须协调女性和专业记者的角色冲突，并且更倾向于采用女权主义的视角。[④] Bock 通过对美国报纸网站的视频进行文本分析发现，纸媒记者制作视频的时间更长，倾向于让拍摄对象自我展示，而电视记者更注重视频的紧凑感和观赏性，由此得出纸媒记者更注重文化身份的表达，以确保其

---

① 赵云泽、滕沐颖、杨启鹏等：《记者职业地位的殒落："自我认同"的贬斥与"社会认同"的错位》，《国际新闻界》2014 年第 12 期，第 84 - 97 页。

② 陈力丹、王辰瑶等：《艰难的新闻自律——我国新闻职业规范的田野观察/深度访谈/理论分析》，人民日报出版社 2010 年版，第 3 页。

③ Slay H. S. and Smith D. A. , "Professional Identity Construction: Using Narrative to Understand the Negotiation of Professional and Stigmatized Cultural Identities," *Human Relations*, Vol. 64, No. 1, 2011, pp. 85 - 107.

④ Hardin M. and Shain S. , "Feeling Much Smaller than You Know You Are: The Fragmented Professional Identity of Female Sports Journalists," *Critical Studies In Media Communication*, Vol. 23, No. 4, 2006, pp. 322 - 338.

报道的客观、权威地位。① 而关于职业理念认同危机的影响因素研究较为匮乏，但在关于影响新闻记者职业理念认同因素的研究中，学者们多围绕以下两个方面进行展开：个体因素和环境因素，其中个体因素包括人口统计学变量（如性别、年龄、种族、教育程度等）和个人属性特征（如既定的工作经历、对媒体功能的认知等），环境因素则包括家庭环境、工作环境等。学者 Milinkov 和 Smiljana 采用口述历史的方法，通过对 8 名来自不同种族、不同职业经验和社会活动的女性研究发现，相比非正式的教育，正式的教育更有利于塑造他们的职业认同理念。②
Nygren 和 Stigbrand 通过对波兰、俄罗斯、瑞典、爱沙尼亚和芬兰五个国家的 527 名新闻专业学生的调查发现，国与国之间并不存在一个统一的新闻职业理念，新闻职业认同是与其文化、社会、政治环境相结合而产生的，而在职业认同的形成过程中，教育无疑是重要的影响因素。③
Mellado 通过对 570 名智利记者的问卷调查发现，记者的个人经历和理念，相比媒介类型等组织因素对职业理念认同更能产生显著性影响。④

三、职业态度与职业行为意愿研究

主要考察的是新闻记者群体对新闻职业的基本态度以及职业行为意愿和职业行为表现等职业工作状况。关于这方面的研究，目前无论是国

① Bock M. A., "Newspaper journalism and video: Motion, sound, and new narratives," *New Media & Society*, Vol. 14, No. 14, 2012, pp. 600 – 616.

② Milinkov S., "Socail change and education: professional and gender identity journalist in Vojvodina," *Yearbook Faculty of Philosophy in Novi Sad*, Vol. 40, No. 2, 2015, pp. 121 – 135.

③ Nygren G. and Stigbrand K., "The Formation of a Professional Identity," *Journalism Studies*, Vol. 15, No. 6, 2014, pp. 841 – 858.

④ Mellado C., "Modeling individual and organizational effects on Chilean journalism: A multilevel analysis of professional role conceptions," *Communication and Society*, Vol. 24, No. 2, 2011, pp. 269 – 304.

外还是国内，均已积累了大量的研究成果。譬如，张志安和沈菲通过对中国大陆调查记者群体的调查发现，当前该群体的工作满意度整体"一般"；其中对同事关系、上下级关系、单位环境及基础设备等"比较满意"，而对收入报酬、其他福利等"不太满意"。① 李彪和赵睿则通过对北京、广州两地报纸广电行业新闻从业者职业转型意愿的问卷调查和深度访谈发现，当前新闻从业者对新闻职业存在"期望"与"焦虑"并存的状态，并在职业转型过程中不断试图寻找"走"与"留"的平衡点。②

在影响新闻工作者的职业态度或职业行为意愿方面，学者一般将其分为两个层面：个体因素和环境因素。其中在个体因素方面，个体的人口统计学属性（如性别、年龄、教育程度等）和个体的职业理念（如理想媒体选择、媒体功能认知等）被认为是重要的影响因素，譬如张志安、沈菲通过对调查记者群体的问卷调查发现，收入、年龄、工作所在地域和媒体类型等因素对调查记者的工作满意度具有显著性影响。③陈颂清等人通过对全国新闻从业者的问卷调查发现，当前新闻从业者的综合满意度介于"一般"和"比较满意"之间，其中最满意的是新闻工作的社会影响力、时间弹性和工作成就感，最不满意的是压力水平、升职机会和报酬收入，其中年龄越大、综合满意度越高、26～30、31～35 岁的年轻新闻从业者满意度最低。④潘忠党等人通过对转型期间中国大陆记者的职业意愿与工作满意度的调查则发现，工作的自主性、理想

---

① 张志安、沈菲：《调查记者的职业满意度及影响因素研究》，《新闻与传播研究》2012 年第 4 期，第 64－75 页。

② 李彪、赵睿：《传统媒体从业者职业转型意愿研究——以北京、广州两地新闻从业者调查为例》，《编辑之友》2017 年第 6 期，第 35－40 页。

③ 张志安、沈菲：《调查记者的职业满意度及影响因素研究》，《新闻与传播研究》2012 年第 4 期，第 64－75 页。

④ 陈颂清、夏俊、柳成荫：《全国新闻从业人员现状分析——以"60 后""70 后""80后"的代际比较为视角》，《新闻大学》2014 年第 4 期，第 1－10 页。

媒体类型、媒体角色期待等均是重要影响因素。① 而在环境因素方面，工作媒体类型、媒体级别和工作自主性等被认为是重要的影响因素。譬如，Stamm 和 Underwood 发现，组织规模越大，倾向于有更多的规则约束员工的自主性，从而对其满意度产生负面影响。② Lo 在美国，③ Chen、Zhu 和 Wu，④ Chan、Pan 和 Lee 在中国大陆，⑤ 以及罗文辉和刘惠苓在中国台湾⑥进行的研究均表明，新闻从业人员的工作自主性与工作满意度之间呈现正相关关系，即工作自主性越强，工作满意度越高。丁汉青、王军和刘影的研究则发现，不管是从整体上看，还是将激励因素与保健因素分开来看，员工从传统媒体转至新媒体后，可以获得较传统媒体更高的工作满意度。此外，对影响转型前后工作满意度提升程度的因素进行分析后发现，转型员工工作满意度提升程度会受到部分个体特征、工作特征等变量的影响。⑦

　　综上所述，目前国内外学者关于职业认同或职业认同危机的研究，

---

① Chan J. M., Pan Z. and Lee F. L. F., "Professional aspirations and job satisfaction: Chinese journalists at a time of change in the media," *Journalism & Mass Communication Quarterly*, Vol. 81, No. 2, 2004, pp. 254 – 273.

② Stamm K. and Underwood D., "The relationship of job satisfaction to newsroom policy change," *Journalism & Mass Communication Quarterly*, Vol. 70, No. 3, 1993, pp. 528 – 541.

③ Lo V. H., "The new Taiwan journalist: A sociological profile," Ed. by Weaver. *The global journalist: News people around the world*. Cresskill, NJ: Hampton Press, 1998, pp. 71 – 88.

④ Chen, C., Zhu, J. H., Wu, W., "The Chinese journalist," Ed. by Weaver. *The global journalist: News people around the world*. Cresskill, NJ: Hampton Press, 1998, pp. 395 – 414.

⑤ Chan J. M., Pan Z. and Lee F. L. F., "Professional aspirations and job satisfaction: Chinese journalists at a time of change in the media," *Journalism & Mass Communication Quarterly*, Vol. 81, No. 2, 2004, pp. 254 – 273.

⑥ 罗文辉、刘惠苓：《置入性行销对新闻记者的影响》，《新闻学研究》2006 年第 89 期，第 81 – 125 页。

⑦ 丁汉青、王军、刘影：《传媒业转型员工转型前后工作满意度对比研究》，《现代传播》2016 第 2 期，第 36 – 43 页。

多侧重于职业理念即职业认知认同层面的研究，而缺乏职业情感认同、职业行为认同等领域的分析；同时，关于新闻从业者群体的职业认同危机研究更是相对匮乏。鉴于此，本书拟重点关注新闻从业者的职业认同危机表现以及其产生的原因，并将职业认同危机按照职业认同所包含的三个维度（职业认知认同、职业情感认同和职业行为认同）对应划分为"职业认知认同危机""职业情感认同危机"和"职业行为认同危机"三个维度。其中职业认知认同危机侧重考察新闻从业者关于新闻职业对社会及自身重要性的认识是否存在"理想"与"现实""应然"与"实然"之间的矛盾和冲突；职业情感认同危机侧重考察新闻从业者关于新闻职业情感方面的认同是否存在"我"与"他们"之间的差异；职业行为认同危机则侧重考察新闻从业者关于新闻职业行为方面的认同是否存在"我"与"他们"之间的差异。

第三章

冲突与协调：新闻职业后备军
职业认同危机分析

本章摘要：新闻院系在校生作为传媒从业者后备军，其对新闻职业的认同状况直接影响着未来新闻行业的劳动力供给。本书以北京某高校在校本科生和硕士生为例，采用问卷调查法，试图从职业认知、职业情感和职业行为三个方面探究该群体的职业认同危机状况、职业认同危机的影响因素以及职业认同危机的影响效果等。研究发现：新闻院系在校生群体的职业认知认同水平整体较高，但职业情感认同和职业行为认同则相对较弱；并且存在着三种不同类型的职业认同危机，即职业认知认同危机（职业认知认同层面上"理想"与"现实"的差异）、职业情感认同危机（即职业情感层面上"我"与"他们"之间的矛盾危机）和职业行为认同危机（即职业行为认同层面上"我"与"他们"之间的矛盾危机）。与此同时，职业认同危机类型也直接影响着在校大学生群体的职业情感认同和行为认同表现，具体表现为：在校大学生职业认知认同危机程度越高，其职业情感认同和职业行为认同表现得越消极；而当在校大学生职业情感认同危机程度越高时，该群体的职业行为认同则会表现得越积极。

近年来，新闻院系在校生就业对口率大幅下滑。2010 年广州日报社记者针对中山大学等广州六所高校的一项调查显示，目前新闻专业大学生的就业对口率已不足一半。[1] 从客观上看，该现象反映出新闻职业对新闻专业学生的吸引力相对下降；从主观上看，则反映出新闻职业后备军对新闻职业的认同度下降。根据建构主义理论，职业认同的形成并非天然拥有的客观存在，而是在实践中通过不断与他人互动所产生的结果。[2] 新闻院系在校生虽非正式的新闻从业者，但其在高校学习期间常通过实习、参照群体的描述、教师的介绍等途径初步构建起对新闻职业的认同，此认同最终将影响到新闻专业学生的就业选择。基于此，本研究拟通过对北京某著名高校新闻学院在校学生的问卷调查分析，试回答以下三个问题：作为传媒从业者的后备军，新闻院系在校生对新闻职业的认同危机现状如何？影响该群体职业认同危机状况的因素到底有哪些？职业认同危机状况对该群体的职业认同是否会产生影响？

本书采用问卷调查法针对北京某著名 985 高校当年新闻学院的在校生开展研究。运用分层抽样法抽取样本的步骤为，第一步，从当年该学院全体在校生名单中剔除留学生与博士生群体。由于留学生群体毕业后进入中国媒体的可能性较小，而博士生群体毕业后的就业单位主要为高等院校而非新闻媒体，故先将留学生群体和博士生群体剔除，剔除后该学院在校本科生与硕士研究生总人数为 924 人，构成本研究的总体。第二步，分层定比。依照 1/4 的样本比例，确定大一、大二、大三、大四、研一和研二的样本量分别应为 39、42、36、45、36 和 33 人。第三步，层内等距抽样。将各年级所有学生按照学号顺序依次排列，然后随机抽选一位同学学号作为基准，按照 K＝4 实行等距抽样，最终获取数量为 231 的样本。本次研究在制作问卷时，大体经历了"制作—试填—

---

[1] 李琼、黄瑶、邓仲谋等：《新闻中文对口就业率大幅下降》，《广州日报》2010 年 7 月 12 日第 5 版。

[2] 曼纽尔·卡斯特著、夏铸九等译：《认同的力量》，社会科学文献出版社 2003 年版，第 2 页。

修改—确认"等环节。本研究采用纸质问卷和电子问卷相结合的方式共发放问卷231份，回收问卷225份。剔除纸质问卷中缺失大量数据和电子问卷中填答时间小于3分钟的4份无效问卷后，共获得有效问卷221份。问卷的信度系数 α 达到0.949，处于良好状态；职业认知认同、情感认同和行为认同等维度的效度系数KMO值均大于0.8且Sig值均小于0.05，符合要求。

第一节　传媒从业者后备军的基本情况描述

在此次的样本调查中，男性有84人，占比38.01%；女性为137人，占比61.99%。年龄分布在17~25岁之间，平均年龄为20.63岁。在受教育程度方面，本科生有156人，占比70.59%，其中大一、大二、大三、大四的学生分别有43、34、33和46人；硕士研究生比较少，有65人，占比29.41%，其中硕士一年级（以下简称"研一"）和硕士二年级（以下简称"研二"）的学生分别有35和30人。在高考填志愿方面，填报了"新闻传播学专业"的学生有188人，占比85.07%；而服从调剂的学生则有33人，占比14.93%。在家庭所在地方面，居住在"直辖市或省会城市""地市级城市"和"县城"的学生人数较多，分别有80、67、45人，对应占比分别为36.20%、30.32%和20.36%；而居住在"农村"和"乡镇"的学生人数较少，分别有23和6人，对应占比分别为10.41%和2.71%。

在实习或工作经历方面，主要通过实习或工作单位类型、单位级别、岗位类别、实习或工作时长和实习或工作满意度等五个题项进行测量。同时，考虑到本研究的样本中只有2名（0.90%）学生拥有工作经历，故将其工作经历合并到实习经历之中。

首先，在是否有媒体实习经历方面，104名学生拥有实习经历，占比为47.06%；117名学生则没有实习经历，占比为52.94%（见表1）。对应到学生的各个年级，其中大四、研一和研二学生拥有实习经历的人数较多，分别有37、29和27人，分别占各自年级总人数的80.43%、82.86%和90.00%；而大一、大二、大三学生拥有实习经历的人数较少，分别有1、4和6人，分别占各自年级总人数的2.33%、11.76%和18.18%（见表2）。

表1　是否有媒体实习经历的学生分布状况（N=221）

选项	频率	百分比	累计百分比
有	104	47.06%	47.06%
没有	117	52.94%	100.00%
合计	221	100.00%	

表2　是否有媒体实习经历与受教育程度学生的交叉列联表（N=221）

		是否有媒体实习经历		合计	百分比
		有	没有		
受教育程度	大一	1	42	43	2.33%
	大二	4	30	34	11.76%
	大三	6	27	33	18.18%
	大四	37	9	46	80.43%
	研一	29	6	35	82.86%
	研二	27	3	30	90.00%
合计		104	117	221	47.06%

其次，在有媒体实习经历的104名学生群体中，对应的实习媒体机构类型主要有报纸期刊社和通讯社、广播电视台、互联网媒体、广告公关公司和其他媒体等五类，实习人数分别有62、44、51、17和15人，占比分别为59.62%、42.31%、49.04%、16.35%和14.42%（见表

3）；对应的实习媒体行政级别主要有中央级或省级媒体、地市级或县级媒体、无行政级别的商业媒体和不知道行政级别等四类，实习人数分别有66、18、49 和 13 人，占比分别为 63.46%、17.31%、47.12% 和 12.50%（见表4）；对应的实习媒体岗位主要有记者编辑类、经营类和其他类，实习人数分别有 101、12 和 16 人，占比分别为 97.12%、11.54% 和 15.38%（见表5）。

表3　新闻院系大学生的实习媒体机构类型划分状况（N＝104）

媒体机构类型	频率	百分比	个案百分比
报纸期刊社和通讯社	62	32.80%	59.62%
广播电视台	44	23.28%	42.31%
互联网媒体	51	26.98%	49.04%
广告公关公司	17	8.99%	16.35%
其他媒体	15	7.94%	14.42%
合计	189	100.00%	181.73%

表4　新闻院系大学生的实习媒体行政级别划分状况（N＝104）

媒体行政级别	频率	百分比	个案百分比
中央级或省级媒体	66	45.21%	63.46%
地市级或县级媒体	18	12.33%	17.31%
商业媒体，无行政级别	49	33.56%	47.12%
不知道行政级别	13	8.90%	12.50%
合计	146	100.00%	140.38%

表5 新闻院系大学生的实习媒体岗位分布状况（N=104）

媒体岗位	频率	百分比	个案百分比
记者编辑类	101	78.29%	97.12%
经营类	12	9.30%	11.54%
其他类	16	12.40%	15.38%
合计	129	100.00%	124.04%

最后，对于有媒体实习经历的新闻院系大学生而言，在媒体实习时长方面，最短为1个月，最长为20个月，平均实习时间为6.62个月（见表6）。并且具体到不同年级新闻院系大学生的实习媒体时长，根据单因素方差分析结果，则存在显著性差异（F=5.522，df=5，Sig.=0.000<0.05，见表7）；其中硕士研究生群体的实习时间相对较长，研一和研二学生对应的实习时长分别为7.45和9.56个月，而本科生群体的实习时间则相对偏短，大二、大三、大四学生对应的实习时长分别为2.25、3.50和4.89个月，仅有一名大一学生参与过媒体实习，对应的实习时长为3个月（见表8）。在媒体实习满意度方面，新闻院系大学生的平均满意度为3.50，说明该群体对媒体实习工作具有一定的满意度（见表6）；其中"比较满意"和"非常满意"的大学生分别有50和7人，对应的比例分别为48.08%和6.73%，"比较不满意"和"非常不满意"的大学生分别有10和1人，对应的比例分别为9.62%和0.96%（见表9）。并且具体到不同年级新闻院系大学生的实习满意度，根据单因素方差分析结果，则并不存在显著性差异（F=1.371，df=5，Sig.=0.242>0.05，见表10）；其中除了大三学生的实习满意度（M=2.83，SD=1.169）呈现一定的不满意状况外，其他年级学生的实习满意度均在3.50上下徘徊，呈现一定的相似性（见表11）。

表6 新闻院系大学生的媒体实习时长和实习满意度状况（N＝104）

	极小值	极大值	均值	标准差
实习时长	1.00	20.00	6.62	4.751
实习满意度	1.00	5.00	3.50	0.800

表7 新闻院系大学生不同年级对媒体实习时长的单因素方差分析结果（N＝104）

	平方和	df	均方	F	显著性
组间	510.959	5	102.192	5.522	0.000
组内	1813.657	98	18.507		

表8 不同年级新闻院系大学生的媒体实习时长分布状况（N＝104）

	N	均值	标准差	标准误	均值的95% 置信区间		极小值	极大值
					上限	下限		
大一	1	3.00	——	——	——	——	3.00	3.00
大二	4	2.25	0.500	0.250	1.45	3.05	2.00	3.00
大三	6	3.50	3.987	1.628	−0.68	7.68	1.00	11.00
大四	37	4.89	3.900	0.641	3.59	6.19	1.00	20.00
研一	29	7.45	4.618	0.858	5.69	9.20	2.00	18.00
研二	27	9.56	4.758	0.916	7.67	11.44	2.00	18.00
总数	104	6.62	4.751	0.466	5.69	7.54	1.00	20.00

表9 新闻院系大学生的实习满意度分布状况（N＝104）

	频率	百分比	累计百分比
非常不满意	1	0.96%	0.96%
比较不满意	10	9.62%	10.58%
一般	36	34.62%	45.19%
比较满意	50	48.08%	93.27%
非常满意	7	6.73%	100.00%
合计	104	100.00%	

表 10 新闻院系大学生不同年级对媒体实习满意度的单因素

方差分析结果（N=104）

	平方和	df	均方	F	显著性
组间	4.313	5	0.863	1.371	0.242
组内	61.687	98	0.629		

表 11 不同年级新闻院系大学生的媒体实习满意度分布状况（N=104）

	N	均值	标准差	标准误	均值的95%置信区间		极小值	极大值
					上限	下限		
大一	1	3.00	——	——	——	——	3.00	3.00
大二	4	3.50	1.000	0.500	1.91	5.09	2.00	4.00
大三	6	2.83	1.169	0.477	1.61	4.06	1.00	4.00
大四	37	3.54	0.836	0.138	3.26	3.82	2.00	5.00
研一	29	3.41	0.733	0.136	3.14	3.69	2.00	5.00
研二	27	3.70	0.669	0.129	3.44	3.97	2.00	5.00
总数	104	3.50	0.800	0.078	3.34	3.66	1.00	5.00

第二节 职业认同和职业认同危机的测量及表现

由于职业认同危机大体可以分为三个层面：职业认知认同危机、职业情感认同危机和职业行为认同危机，故本节主要按照这三个层面分别介绍新闻院系大学生的表现状况。

一、职业认知认同和职业认知认同危机的测量及表现

（一）职业认知认同和职业认知认同危机的测量

职业认知认同是指个体关于新闻职业对社会及自身重要性的认识，不仅包括个体对新闻职业具有的社会功能、职业工作所必需的行为规范、评判标准和专业技能的认识，[①] 也包括个体关于新闻职业对自身重要性的认识。[②]

在新闻职业对社会重要性方面，其中在社会功能评价层面，参照Chan、Pan 和 Lee[③] 设置的题项，通过主成分分析法进行因子提取后，我们将得出的四个因子分明命名为"环境监测"（Cronbach's α = 0.515）、"舆论监督"（Cronbach's α = 0.902）、"提供娱乐"（Cronbach's α = 0.758）和"政治宣传"（Cronbach's α = 0.779），这四个因子的累计方差贡献率达到 74.56%；其中"环境监测"包括"迅速准确地报道国内外新闻""帮助公众了解党和政府的政策"和"提高公众的文化知识水平" 3 个题项，"舆论监督"包括"质疑并批评政府官员"和"质疑并批评社会团体" 2 个题项，"提供娱乐"包括"为公众提供文化休闲和娱乐"和"为公众提供感兴趣的信息" 2 个题项，"政治宣传"包括"作为党和政府的喉舌""宣传党和政府的政策、文件

---

① 陆晔、潘忠党：《成名的想象：中国社会转型过程中新闻从业者的专业主义话语建构》，《新闻学研究》2002 年第 71 期，第 1 - 32 页。

② 魏淑华、宋广文、张大均：《我国中小学教师职业认同的结构与量表》，《教师教育研究》2013 年第 1 期，第 55 - 60 页。

③ Chan J. M., Pan Z. and Lee F. L. F., "Professional aspirations and job satisfaction: Chinese journalists at a time of change in the media," *Journalism & Mass Communication Quarterly*, Vol. 81, No. 2, 2004, pp. 254 - 273.

等"和"正确影响和引导社会舆论"3 个题项。同样地，参照罗文辉等人[1]、罗文辉[2]、Anderson、Bell 和 Shirky[3] 对新闻职业行为规范、新闻专业素养和新闻专业技能三个层面设置的题项，采用主成分分析法依次进行因子提取，得出在新闻职业行为规范层面，存在"暗访"（Cronbach's α = 0.726）、"有偿新闻"（Cronbach's α = 0.848）、"商业炒作"（Cronbach's α = 0.801）和"兼职"（Cronbach's α = 0.894）四个维度，这四个因子的累计方差贡献率达到 85.55%；在专业素养层面，存在"报道可信面向"（Cronbach's α = 0.761）和"社会关怀面向"（Cronbach's α = 0.756）两个维度，这两个因子的累计方差贡献率达到 63.53%；在专业技能层面，存在"文字专业技能"（Cronbach's α = 0.875）、"音视频专业技能"（Cronbach's α = 0.925）和"互联网专业技能"（Cronbach's α = 0.845）三个维度，这三个因子的累计方差贡献率达到 80.84%。

在新闻职业对自身重要性方面，主要通过职业地位和职业需求判断两个层面进行考察。其中在职业地位判断层面，通过比较"媒体采编人员"和与其所需学历相近的"医生""律师""教师"等 9 个白领职业相比，发现"媒体采编人员"的社会地位（M = 3.07，SD = 0.962）整体偏下，仅高于"企事业单位营销人员"（M = 2.60，SD = 0.981），远低于"医生"（M = 3.96，SD = 0.711）、"律师"（M = 3.93，SD = 0.755）等职业。在职业需求判断层面，基于马斯洛的需求层次理论[4]

① 罗文辉等：《大陆、香港、台湾新闻人员工作满意度之比较研究》，《中国大陆研究》2002 年第 1 期，第 1 – 18 页。

② 罗文辉：《选择可信度：1992 及 2002 年报纸与电视新闻可信度的比较研究》，《新闻学研究》2004 年第 80 期，第 1 – 50 页。

③ Anderson C. W. , Bell E. , and Shirky C. , *Post – Industrial Journalism*：*Adapting to the Present*. Columbia：Tow Center for Digital Journalism, 2012, Research Report.

④ Maslow A. H. , "Preface to motivation theory," *Psychosomatic Medicine*, Vol. 5, No. 1, 1943, pp. 85 – 92.

设置了11道题项，通过主成分分析法进行因子提取后，我们将得出的三个因子分别命名为"生理和安全需要"（Cronbach's α=0.861）、"情感和尊重需要"（Cronbach's α=0.841）和"自我实现需要"（Cronbach's α=0.898），这三个因子的累计方差贡献率达到78.08%。

本研究将新闻院系在校生群体的职业认知认同危机定义为职业认知认同层面上"理想"与"现实"的差异或"应然"与"实然"的差异，故相应的每个问题均设置了对应的"理想"与"现实"或"应然"与"实然"题项。

（二）职业认知认同和职业认知认同危机的表现

配对T检验结果显示，在校大学生群体除了认为"提供娱乐"不存在"理想"与"现实"的差异外（Sig.=0.507>0.05），其他方面均存在显著性差异，具体表现为：现实生活中看重媒体的"政治宣传"功能，而对"环境监测"和"舆论监督"反映不够。具体到各个题项，新闻院系在校大学生最认可的媒体功能分别为"迅速准确地报道国内外新闻""帮助公众了解党和政府的政策"和"正确影响和引导社会舆论"。

表12 新闻院系大学生的媒体功能认知状况（N=221）

		理想 M	标准差	现实 M	标准差	显著性	Sig
环境监测	迅速准确地报道国内外新闻	4.78	0.531	3.75	0.948	15.90	0.000
	帮助公众了解党和政府的政策	4.24	0.833	4.04	0.936	2.58	0.010
	提高公众的文化知识水平	4.14	0.942	2.57	1.100	14.62	0.000

		理想 M	标准差	现实 M	标准差	显著性	Sig
舆论监督	质疑并批评政府官员	3.99	0.953	2.88	1.051	11.88	0.000
	质疑并批评社会团体	3.89	0.932	4.03	0.981	−4.69	0.000
提供娱乐	为公众提供文化休闲和娱乐	3.61	1.101	3.75	0.995	3.68	0.000
	为公众提供感兴趣的信息	4.06	0.912	3.02	0.997	13.97	0.000
政治宣传	作为党和政府的喉舌	2.99	1.212	4.35	0.865	−14.54	0.000
	宣传党和政府的政策、文件等	3.15	1.207	4.25	0.842	−12.93	0.000
	正确影响和引导社会舆论	4.21	1.029	3.34	1.026	9.67	0.000
环境监测		4.39	0.563	3.60	0.739	14.66	0.000
舆论监督		3.93	0.902	2.72	0.979	14.14	0.000
提供娱乐		3.83	0.908	3.89	0.873	−0.67	0.507
政治宣传		3.45	0.959	3.98	0.719	−7.88	0.000
整体		3.90	0.585	3.60	0.567	7.97	0.000

在新闻职业行为规范方面，由表 13 可以得出，新闻院系大学生最不认同的行为是"商业炒作"（M = 1.76，SD = 0.954）和"有偿新闻"（M = 1.88，SD = 0.976），其次为"兼职"（M = 2.24，SD = 1.066），而对于"暗访"行为则保持中立态度（M = 3.05，SD = 0.976），而在现实过程中，"有偿新闻"（M = 3.96，SD = 0.919）、"暗访"（M = 3.59，SD = 1.089）和"兼职"（M = 3.53，SD = 0.620）等行为均较为普遍，并且配对 T 检验结果显示，这四类行为规范均呈现出"理想"

与"现实"的差异。具体到各个题项，新闻院系在校大学生最不认同的新闻职业行为规范分别为"接受被访单位或个人的现金馈赠/礼品或礼券等""为提高发行/收视/点击率而使用煽情化手法处理新闻标题/内容"和"主动淡化不利于广告客户的负面新闻"，对"在新闻调查过程中可以使用隐藏性录音录像设备""在采访中不使用自己的真实身份"和"在其他企业兼职"等行为则相对宽容些。整体而言，大学生认为当前新闻职业行为规范存在明显的"应然"与"实然"间的差异，即认为现实生活中普遍存在违反新闻职业行为规范的行为，其中差异最大的题项分别为"为提高发行/收视/点击率而使用煽情化手法处理新闻标题/内容""主动淡化不利于广告客户的负面新闻"和"接受被访单位或个人的现金馈赠/礼品或礼券等"，差异最小的题项分别为"在采访中不使用自己的真实身份""在新闻调查过程中可以使用隐藏性录音录像设备"和"在其他企业兼职"。

表13　新闻院系大学生的新闻职业行为规范认知状况（N=221）

		理想 M	标准差	现实 M	标准差	显著性	Sig
暗访	在采访中不使用自己的真实身份	2.88	1.140	3.24	0.931	-4.39	0.000
	在新闻调查过程中可以使用隐藏性录音录像设备	3.23	1.063	3.80	0.943	-6.68	0.000
有偿新闻	接受被访单位或个人的招待用餐	2.12	1.099	3.64	1.122	-15.92	0.000
	接受被访单位或个人的现金馈赠/礼品或礼券等	1.64	0.993	3.54	1.142	-20.78	0.000

		理想 M	标准差	现实 M	标准差	显著性	Sig
商业炒作	为提高发行/收视/点击率而使用煽情化手法处理新闻标题/内容	1.76	1.004	4.10	1.016	−24.87	0.000
	主动淡化不利于广告客户的负面新闻	1.76	1.082	3.83	1.002	−22.14	0.000
兼职	在政府机构兼职	2.15	1.101	2.95	1.015	−9.26	0.000
	在其他企业兼职	2.32	1.140	3.00	1.047	−7.74	0.000
暗访		3.05	0.976	3.59	1.089	−6.33	0.000
有偿新闻		1.88	0.976	3.96	0.919	−19.29	0.000
商业炒作		1.76	0.954	2.98	0.974	−25.55	0.000
兼职		2.24	1.066	3.53	0.620	−9.07	0.000
整体		2.23	0.798	3.51	0.710	−20.19	0.000

在新闻专业素养方面，由表 14 可以得出，在校大学生认为新闻从业者应具有"报道可信面向"（M = 4.62，SD = 0.454）和"社会关怀面向"（M = 4.16，SD = 0.793）两种专业素养，但在现实生活中，"报道可信面向"（M = 2.95，SD = 0.903）和"社会关怀面向"（M = 3.64，SD = 0.685）均未得到很好体现，并且配对 T 检验结果显示，这两种专业素养均呈现出"应然"与"实然"的显著性差异。具体到各个题项，新闻院系在校大学生最认同的专业素养分别为"事实准确""报道客观"和"保持公正"，对"推动社会改革""争抢时效"和"重视公众意见"虽保持较高的认同度但相对宽容些。整体而言，在校大学生普遍认为当前新闻专业素养存在明显的"应然"与"实然"间的差异，即认为现实生活中新闻从业者并没有很好地体现出新闻专业素养，其中差异最大的题项分别为"报道客观""保持公正"和"事实准确"，而差异最小的题项分别为"争抢时效""重视公众意见"和"推

动社会改革"。

表14 新闻院系大学生的新闻专业素养认知状况（N=221）

		理想 M	标准差	现实 M	标准差	显著性	Sig
报道 可信 面向	争抢时效	4.16	0.779	3.72	0.596	-9.45	0.000
	事实准确	4.81	0.545	3.35	0.822	20.11	0.000
	报道客观	4.74	0.589	2.22	0.883	21.93	0.000
	保持公正	4.71	0.616	2.34	0.929	18.50	0.000
	维护公众知情权利	4.68	0.625	3.10	0.951	20.23	0.000
社会 关怀 面向	推动社会改革	4.13	0.856	2.81	1.036	16.23	0.000
	重视公众意见	4.19	0.913	3.08	0.983	12.32	0.000
报道可信面向		4.62	0.454	2.95	0.903	22.28	0.000
社会关怀面向		4.16	0.793	3.64	0.685	15.85	0.000
整体		4.49	0.467	3.39	0.632	22.18	0.000

在新闻专业技能方面，由表15可以看出，新闻院系在校大学生认为新闻从业者最应具备的技能为"文字技能"（M=4.55，SD=0.613）和"音视频技能"（M=4.16，SD=0.773），并且随着近年来互联网媒体的崛起，"互联网技能"也为部分在校大学生所认可（M=3.38，SD=0.933），但在现实生活中，在校大学生除了认为新闻从业者具备一定的"文字技能"（M=3.54，SD=0.783）外，其他两项技能则表现较差，并且三项专业技能均呈现出显著的"应然"与"实然"差异。具体到各个题项，新闻院系在校大学生认为新闻从业者最应具备的技能为"新闻价值判断能力""写作与文字编辑能力"和"信息整合能力"，而对"计算机编程能力""运用HTML语言能力"和"数据估计与分析能力"虽有一定要求但相对宽容些。整体而言，在校大学生普遍认为周围新闻从业者的专业技能并未达到理想状态，其中差异最大的

题项分别为"掌握某一领域专门知识的能力""数据估计与分析能力"和"新闻价值判断能力"，差异最小的题项分别为"音频记录与编辑能力""图片拍摄与编辑能力"和"信息整合能力"。

表 15　新闻院系大学生的新闻专业技能认知状况（N＝221）

		理想 M	标准差	现实 M	标准差	显著性	Sig
文字专业技能	信息整合能力	4.57	0.702	3.95	0.793	10.28	0.000
	写作与文字编辑能力	4.59	0.718	3.96	0.854	9.87	0.000
	新闻价值判断能力	4.68	0.654	3.57	0.900	15.30	0.000
	掌握某一领域专门知识的能力	4.36	0.795	3.09	0.973	16.53	0.000
音视频专业技能	图片拍摄与编辑能力	4.20	0.820	3.60	0.829	8.51	0.000
	视频记录与编辑能力	4.13	0.818	3.48	0.856	9.02	0.000
	音频记录与编辑能力	4.15	0.850	3.55	0.822	8.77	0.000
互联网专业技能	数据估计与分析能力	3.98	0.904	2.86	0.921	15.41	0.000
	计算机编程能力	3.06	1.134	2.33	1.073	10.12	0.000
	运用 HTML 语言能力	3.11	1.147	2.46	1.089	8.16	0.000
文字技能		4.55	0.613	3.54	0.783	16.44	0.000
音视频技能		4.16	0.773	2.55	0.941	9.45	0.000
互联网技能		3.38	0.933	2.78	0.868	12.71	0.000
整体		4.08	0.572	3.29	0.644	15.74	0.000

在新闻职业对自身重要性方面，其中在职业社会地位评价方面，由表 16 可以得出，新闻院系在校大学生普遍认为"媒体采编人员"（M＝3.11，SD＝1.083）的社会地位一般，明显低于"国家机关、企事业单位负责人""医生"和"律师"等群体，仅高于"企事业单位营销人员"群体，处于各个社会职业的中下等水平。与此同时，在社会公众的心目中，"媒体采编人员"（M＝3.70，SD＝0.996）的社会地位在当前社会主要职业中的排名虽有所提升，但依旧低于"国家机关、企事

业单位负责人""教师"和"IT技术人员"等群体，仅高于"企事业单位营销人员""军人"和"警察"群体。配对T检验结果显示，在校大学生认为自我所感知的"媒体采编人员"社会地位与公众心目中的社会地位存在显著性差异（Sig. = 0.000 < 0.05），即倾向于认为公众高估了"媒体采编人员"的社会地位。

表16 新闻院系大学生的职业社会地位认知状况（N = 221）

	理想 M	标准差	现实 M	标准差	显著性	Sig
国家机关、企事业单位负责人	4.25	0.767	4.71	0.547	−8.81	0.000
医生	3.96	0.709	3.75	0.947	3.01	0.003
律师	3.93	0.753	3.93	0.858	−0.07	0.940
教师	3.75	0.863	4.24	0.747	−7.41	0.000
军人	3.79	0.992	3.19	0.884	7.95	0.000
警察	3.53	1.002	3.29	0.937	2.89	0.004
IT技术人员	3.41	0.893	3.95	0.883	−7.92	0.000
金融白领	3.66	0.909	3.86	0.938	−3.72	0.000
媒体采编人员	3.11	1.083	3.70	0.996	−6.49	0.000
企事业单位营销人员	2.60	0.979	2.63	0.980	−0.58	0.559

在职业需求判断方面，由表17可以得出，新闻院系在校大学生最看重的职业需求为"自我实现需要"（M = 4.27，SD = 0.806），其次为"情感和自尊需要"（M = 3.99，SD = 0.874），最后为"生理和安全需要"（M = 3.91，SD = 0.893）；但在现实生活中，该群体认为"自我实现需要"（M = 3.60，SD = 0.739）和"情感和自尊需要"（M = 3.12，SD = 0.911）得到一定的满足，但"生理和安全需要"（M = 2.89，SD = 0.815）并未得到满足。并且配对T检验结果显示，这三类需要并未得到有效的满足，均呈现出"理想"与"现实"的显著性差异。具

体到各个题项，新闻院系在校大学生最看重的职业需求分别为"新闻职业应能给从业者提供不断进步的机会""新闻职业应能帮助从业者实现其人生价值"和"新闻职业应能给从业者提供成就感"，对"新闻职业应能提供令人满意的其他福利（如免费的工作餐、门票等）""新闻职业应有较强的稳定性和保障性"和"新闻职业应能提供相对宽松的上下级关系"的职业需求则相对包容些。整体而言，在校大学生普遍认为当前职业需求并没有得到很好满足，其中差异最大的题项分别为"新闻职业应能提供令人满意的薪酬收入水平""新闻职业应能让从业者获得他人尊重"和"新闻职业应能帮助从业者实现其人生价值"，差异最小的题项分别为"新闻职业应能提供良好的同事关系""新闻职业应能提供令人满意的其他福利（如免费的工作餐、门票等）"和"新闻职业应能提供良好的工作环境硬件条件（办公设施齐备、整洁完善等）"。

表 17 新闻院系大学生的职业需求认知状况（N = 221）

		理想 M	标准差	现实 M	标准差	显著性	Sig
生理和安全需要	新闻职业应能提供令人满意的薪酬收入水平	4.05	1.030	2.50	0.989	15.83	0.000
	新闻职业应能提供令人满意的其他福利（如免费的工作餐、门票等）	3.70	1.092	2.87	1.073	8.37	0.000
	新闻职业应能提供良好的工作环境硬件条件（办公设施齐备、整洁完善等）	4.00	0.986	3.02	1.011	11.13	0.000
	新闻职业应有较强的稳定性和保障性	3.88	1.085	2.71	1.055	11.94	0.000

		理想 M	标准差	现实 M	标准差	显著性	Sig
情感和自尊需要	新闻职业应能提供相对宽松的上下级关系	3.93	0.986	2.82	1.024	12.83	0.000
	新闻职业应能提供良好的同事关系	4.03	0.960	3.29	0.951	10.46	0.000
	新闻职业应能让从业者获得他人尊重	4.18	0.991	2.80	1.000	15.21	0.000
	新闻职业应能让从业者具有较高的社会地位	3.81	1.046	2.67	0.988	12.65	0.000
自我实现需要	新闻职业应能给从业者提供不断进步的机会	4.32	0.836	3.19	1.010	13.75	0.000
	新闻职业应能给从业者提供成就感	4.23	0.926	3.11	0.987	13.31	0.000
	新闻职业应能帮助从业者实现其人生价值	4.27	0.894	3.05	1.001	14.40	0.000
生理和安全需要		3.91	0.893	2.89	0.815	13.91	0.000
情感和尊重需要		3.99	0.874	3.12	0.911	15.45	0.000
自我实现需要		4.27	0.806	3.60	0.739	15.34	0.000
整体		4.04	0.761	2.91	0.739	17.24	0.000

三、职业情感认同和职业情感认同危机的测量及表现

（一）职业情感认同和职业情感认同危机的测量

职业情感认同是指个体对新闻职业情感上的认同，参照魏淑华等

人[1]设置的题项，通过主成分分析法共提取四个因子，分别命名为"喜爱度"（Cronbach's α = 0.955）、"自豪感"（Cronbach's α = 0.925）、"归属感"（Cronbach's α = 0.932）和"忠诚度"（Cronbach's α = 0.893），这四个因子的累计方差贡献率达到91.72%。其中"喜爱度"包括"我非常热爱新闻职业"和"我对于新闻职业充满热情"2个题项；"自豪感"包括"我总是很自豪地向别人表示我来自新闻专业""我非常崇拜从事新闻职业的人"和"我觉得新闻职业是一份神圣而光荣的工作"等3个题项；"归属感"包括"当我看到或听到别人积极评价新闻职业时，总是感到十分欣慰"和"当别人对新闻职业做出消极评价时，我总是感到十分难受"2个题项；"忠诚度"包括"我一直很庆幸当年选择了新闻专业而非其他专业"和"我愿意为了新闻职业的发展而付出自己的努力"2个题项。

本研究将职业情感认同危机定义为"我"与周围其他人（即"他们"）之间的情感差异，故对职业情感认同的各个题项也均进行了"我"与"他们"之间的区分。

（二）职业情感认同和职业情感认同危机的表现

表18显示，在职业情感认同表现方面，在校大学生对新闻职业具有较高的"归属感"（M = 3.69，SD = 1.141），其次为"喜爱度"（M = 3.29，SD = 1.019）和"忠诚度"（M = 3.27，SD = 1.239），最后为"自豪感"（M = 3.09，SD = 1.096）；配对T检验的结果显示，在校大学生除了在"忠诚度"方面与他人表现无显著性差异外（Sig. = 0.268 > 0.05），在"喜爱度""自豪感"和"归属感"方面均认为他人的情感表现要高于自身。具体到各个题项，在校大学生最认同的题项分别有"当我看到或听到别人积极评价新闻职业时，总是感到十分欣慰"

---

① 魏淑华、宋广文、张大均：《我国中小学教师职业认同的结构与量表》，《教师教育研究》2013年第1期，第55－60页。

"当别人对新闻职业做出消极评价时，我总是感到十分难受"和"我非常热爱新闻职业"，而对"我非常崇拜从事新闻职业的人""我总是很自豪地向别人表示我来自新闻专业"和"我觉得新闻职业神圣而光荣"的认同度则相对偏低。整体而言，在校大学生普遍认为自我情感认同与周围其他人的情感认同整体存在显著性差异，其中差异最大的题项分别为"我总是很自豪地向别人表示我来自新闻专业""我愿意为了新闻职业的发展而付出自己的努力"和"我对于新闻职业充满热情"，而差异最小的题项分别为"我非常热爱新闻职业""我一直很庆幸当年选择了新闻专业而非其他专业"和"当我看到或听到别人积极评价新闻职业时，总是感到十分欣慰"。

表 18　新闻院系大学生的职业情感认同状况（N＝221）

		理想 M	标准差	现实 M	标准差	显著性	Sig
喜爱度	我非常热爱新闻职业	3.27	0.975	3.40	0.855	-1.78	0.076
	我对于新闻职业充满热情	3.20	0.972	3.46	0.902	-3.32	0.001
自豪感	我觉得新闻职业神圣而光荣	3.10	1.215	3.34	0.981	-2.73	0.007
	我总是很自豪地向别人表示我来自新闻专业	3.08	1.091	3.40	0.970	-3.77	0.000
	我非常崇拜从事新闻职业的人	3.06	1.021	3.27	0.995	-2.57	0.011

续表

		理想 M	标准差	现实 M	标准差	显著性	Sig
归属感	当我看到或听到别人积极评价新闻职业时，总是感到十分欣慰	3.69	1.151	3.85	0.965	−1.80	0.073
	当别人对新闻职业做出消极评价时，我总是感到十分难受	3.49	1.147	3.72	0.973	−2.70	0.008
忠诚度	我一直很庆幸当年选择了新闻专业而非其他专业	3.21	1.197	3.06	1.005	1.82	0.070
	我愿意为了新闻职业的发展而付出自己的努力	3.22	1.289	3.53	1.020	−3.18	0.002
喜爱度		3.29	1.019	3.58	0.825	−3.88	0.000
自豪感		3.09	1.096	3.47	0.846	−4.58	0.000
归属感		3.69	1.141	3.89	0.802	−2.55	0.011
忠诚度		3.27	1.239	3.36	0.889	−1.11	0.268
整体		3.26	0.932	3.45	0.762	−2.93	0.004

四、职业行为认同和职业行为认同危机的测量及表现

（一）职业行为认同和职业行为认同危机的测量

职业行为认同则指个体完成新闻职业工作内基本职责和任务的意愿和实际行为，参照魏淑华等人[1]设置的题项，通过主成分分析法共提取

---

[1]　魏淑华、宋广文、张大均：《我国中小学教师职业认同的结构与量表》，《教师教育研究》2013 年第 1 期，第 55 - 60 页。

了三个因子，分别命名为"行为意愿"（Cronbach's $\alpha = 0.917$）、"义务工作"（Cronbach's $\alpha = 0.857$）和"额外工作"（Cronbach's $\alpha = 0.827$），这三个因子的累计方差贡献率达到85.25%。其中"行为意愿"包括"目前新闻专业是最适合我的""毕业后，我首选新闻职业"和"未来我愿意长期从事新闻职业工作"3个题项，"义务工作"包括"我总是准时参加专业课的学习"和"我总是认真完成专业课老师布置的作业"2个题项，"额外工作"包括"我总是积极参加一些与新闻专业相关的组织或活动"和"除上课时间外，我总是会花大量时间学习新闻领域的专业知识"2个题项。

本研究将职业行为认同危机定义为"我"与周围其他人之间的行为表现差异，故对职业行为认同的各个题项也均进行了"我"与"他们"之间的区分。

（二）职业行为认同和职业行为认同危机的表现

表19显示，在职业行为认同方面，在校大学生参与"义务工作"的频率较高（$M = 4.15$，$SD = 0.887$），并且参与一定的"额外工作"（$M = 3.40$，$SD = 1.070$），但对于未来可能从事新闻职业的"行为意愿"则表现较弱（$M = 2.85$，$SD = 1.102$）；配对T检验的结果显示，在校大学生除了"额外工作"（$Sig. = 0.312 > 0.05$）方面与他人表现无显著性差异外，在"行为意愿"和"义务工作"等方面则呈现出显著性差异，即在校大学生认为自己从事新闻职业的意愿要比他人更弱，但同时认为自己对待新闻专业义务范围内的工作态度要比他人更认真。具体到各个题项，在校大学生最认同的题项分别有"我总是认真完成专业课老师布置的作业""我总是准时参加专业课的学习"和"我总是积极参加一些与新闻专业相关的组织或活动"，最不认同的题项分别有"未来我愿意长期从事新闻职业""毕业后，我愿意首选新闻职业"和"新闻专业是最适合我的专业"。整体而言，在校大学生在诸多题项中

都表现出"我"与"他们"的职业行为差异，其中差异最大的题项分别为"新闻专业是最适合我的专业""我总是认真完成专业课老师布置的作业"和"我总是准时参加专业课的学习"，而差异最小的题项分别为"我总是积极参加一些与新闻专业相关的组织或活动""除上课时间外，我总是会花大量时间学习新闻领域的专业知识"和"未来我愿意长期从事新闻职业"。

表19　新闻院系大学生的职业行为认同状况（N=221）

		理想 M	标准差	现实 M	标准差	显著性	Sig
行为意愿	新闻专业是最适合我的专业	2.92	1.129	3.19	1.026	−3.66	0.000
	毕业后，我愿意首选新闻职业	2.86	1.206	3.10	1.083	−2.75	0.006
	未来我愿意长期从事新闻职业	2.77	1.233	2.88	1.052	−1.26	0.208
义务工作	我总是准时参加专业课的学习	4.13	0.987	3.89	0.938	3.38	0.001
	我总是认真完成专业课老师布置的作业	4.18	0.910	3.93	0.871	3.69	0.000
额外工作	我总是积极参加一些与新闻专业相关的组织或活动	3.62	1.194	3.57	0.949	0.75	0.456
	除上课时间外，我总是会花大量时间学习新闻领域的专业知识	3.19	1.123	3.10	1.063	1.07	0.285
行为意愿		2.85	1.102	3.05	0.954	−2.86	0.005
义务工作		4.15	0.887	3.91	0.823	3.96	0.000
额外工作		3.40	1.070	3.33	0.899	1.01	0.312
整体		3.38	0.797	3.38	0.720	0.05	0.958

第三节　职业认同危机的影响因素和影响效果研究

第二节侧重介绍了新闻院系在校大学生的职业认同危机表现，而本节则主要探讨新闻院系在校大学生职业认同危机的影响因素，以及职业认同危机的影响效果，即如何影响新闻院系在校大学生的职业情感和职业行为表现。

一、职业认同危机的影响因素研究

为了进一步考察新闻院系在校大学生职业认同危机的影响因素，本研究以新闻教育、实习环境因素（实习媒体类别、媒体级别、岗位类别等）为自变量，以人口统计学变量（性别、年龄、受教育程度、高考志愿等）为控制变量，进行多元回归模型拟合。同时，考虑到职业认知认同危机、情感认同危机和行为认同危机三者之间的关系是层层递进的，本研究在将下一级职业认同危机作为因变量时，会选择上一级职业认同危机作为自变量。在对职业认同危机的处理方面，对职业认知认同危机的测量，由于考察的是"理想"与"现实""应然"与"实然"之间的差异，存在"现实""实然"状况完全符合甚至更好地符合"理想""应然"状况，故当"理想"或"应然"数值大于或等于3时，采用"理想"或"应然"数值减去"现实"或"实然"数值获取综合值，当"理想"或"应然"数值小于3时，采用"现实"或"实然"数值减去"理想"或"应然"数值获取综合值；在职业情感认同、职业行为认同危机方面，由于比较的是"我"与"他们"之间的差异，故采用两者数值相减的方式获得综合值。

根据回归结果（见表20），在职业认知认同危机领域，对于有实习经验的在校大学生来说，人口属性和新闻教育因素则影响有限，对应的调整 R 方分别为 0.037 和 0.020，而实习因素是其影响的主要因素，对应的调整 R 方为 0.112，具体表现为：在新闻教育层面，受专业教育年限越长，职业认知认同危机越大；在实习因素方面，实习满意度对职业认知认同危机具有显著影响。对于无实习经验的在校大学生来说，人口属性和新闻教育因素的影响均相对有限，对应模型拟合度对应的 Sig 值均大于 0.10，说明这两个因素对该群体的职业认知认同危机的解释性相对有限。

在职业情感认同危机领域，对于有实习经验的在校大学生来说，人口属性、新闻教育和实习环境因素影响有限，对应的调整 R 方分别为 0.031、0.001 和 -0.025，而职业认知认同危机因素的影响能够将调整 R 方从 0.007 提升至 0.132，具体表现为：职业需求方面的理想与现实差异越大，在校大学生的职业情感认同危机越大。对于无实习经验的在校大学生来说，人口属性和新闻教育因素的影响比较有限，对应的调整 R 方分别为 0.023 和 -0.020，而职业认知认同危机因素的影响将调整 R 方从 0.003 提升至 0.025，主要表现为职业需要方面的理想与现实差异越大，在校大学生的职业情感认同危机越大。

在职业行为认同领域，对于有实习经验的在校大学生来说，人口属性和新闻教育因素影响有限，对应的调整 R 方分别为 0.022 和 0.007，而实习环境因素的影响比较明显，对应的调整 R 方为 0.086，表现为实习满意度对职业行为认同危机具有显著影响；而职业认知认同危机、职业情感认同危机等因素的影响则较为薄弱，对应的调整 R 方为 0.009，其中仅有媒体社会功能认知危机会加剧职业行为认同危机的产生。对于无实习经验的在校大学生来说，同样表现为人口属性和新闻教育因素影响有限，对应的调整 R 方分别为 0.038 和 -0.004，而职业认知认同危机、职业情感认同危机等因素的影响将调整 R 方从 0.034 提升至 0.078，主要表现为：职业情感认同危机越大，会导致职业行为认同危机的提升。

表20 预测职业认同危机的多元性回归模型（N = 221）①

	模型1：职业认知认同危机		模型2：职业情感认同危机		模型3：职业行为认同危机	
	有实习	无实习	有实习	无实习	有实习	无实习
第一层：人口属性						
性别（0 = 男性）	0.092	0.121	-0.267	-0.079	-0.231	0.250
年龄	-0.067	-0.057	0.140	-0.069	0.080	-0.125
调整的 R^2	0.037	0.003	0.031	0.023	0.022	0.038
第二层：新闻教育						
受新闻教育时长	0.116*	0.108**	-0.048	-0.161	-0.114	-0.034
调整的 R^2	0.057	0.030	0.032	0.003	0.029	0.034
第三层：实习环境						
实习时长	-0.011		0.067**		0.026	
实习满意度	-0.221***		-0.126		-0.181*	
调整的 R^2	0.169		0.007		0.115	
第四层：危机类型						
社会功能危机			0.024	0.157	0.225*	-0.217
行为规范危机			0.078	-0.173	-0.094	-0.024
专业素养危机			0.186	-0.225	-0.082	-0.157
职业需要危机			-0.426***	-0.297***	0.067	0.093
职业技能危机			-0.103	0.025	0.140	0.082
职业情感危机					0.065	0.177**

---

① 注：在哑变量设置方面，性别以男性、专业类别以其他专业、家庭所在地以农村为基准。同时，由于正文篇幅有限，未能在此呈现回归模型的完整结果；譬如，回归结果表明，相比居住在农村的在校生，居住在直辖市或省会城市的在校生往往具有较低的职业情感认同和行为认同倾向；同时，相比在其他类别媒体实习过的在校生，在电视媒体实习的经验让在校生更容易拥有更高的职业情感认同和行为认同倾向。

续表

	模型1：职业认知认同危机		模型2：职业情感认同危机		模型3：职业行为认同危机	
	有实习	无实习	有实习	无实习	有实习	无实习
调整的 R^2			0.132	0.076	0.124	0.078
样本数 N	104	117	104	117	104	117
F	1.910	1.592	1.559	1.682	1.504	1.819
Sig.	0.018	0.156	0.066	0.071	0.082	0.054

注：＊、＊＊、＊＊＊表示自变量对因变量不产生显著性影响的可能性分别不超过10％、5％和1％。

二、职业认同危机的影响效果研究

为了进一步考察新闻院系在校生职业认同危机对该群体职业认知认同、情感认同和行为认同等方面的影响，本研究以职业认知认同、职业情感认同、职业行为认同为因变量，以新闻教育、实习环境因素（实习媒体类别、媒体级别、岗位类别等）、职业认同危机类型（社会功能危机、行为规范危机等）为自变量，以人口统计学变量（性别、年龄、受教育程度、高考志愿等）为控制变量，进行多元回归模型拟合。其中在因变量的处理方面，对职业认知认同方面的测量采用新闻专业主义范式对应的数值减去非新闻专业主义范式对应的数值，进而求得算数平均数；对职业情感认同和职业行为认同的测量，分别将属于职业情感认同和职业行为认同的四个和三个因子对应的数值，以各因子对应的方差贡献率为权重计算出相应的综合值。

根据回归结果（见表21），在职业认知认同领域，对于有实习经验的在校大学生来说，新闻教育是其影响的主要因素，对应的调整 R 方为0.082；而人口属性和实习因素则影响有限，对应的调整 R 方分别为

0.023 和 0.002，具体表现为：相比男性群体，女性群体的职业认知认同水平较高；在新闻教育层面，受专业教育年限越长，职业认知认同水平越高；在实习因素方面，实习时长的长短对职业认知认同水平起到负面的影响。对于无实习经验的在校大学生来说，人口属性的影响有限，对应的调整 R 方为 0.017，而新闻教育因素则能够将调整 R 方由 0.017 提升到 0.312，具体表现为：相比男性群体，女性群体的职业认知认同水平较高；受新闻教育年限越长，职业认知认同水平越高。

在职业情感认同领域，对于有实习经验的在校大学生来说，人口属性、新闻教育和实习环境因素影响有限，对应的调整 R 方分别为 0.012、−0.003 和 0.002，而职业认知认同危机因素的影响能够将调整 R 方从 0.003 提升至 0.163，具体表现为：职业需求方面的理想与现实差异越大，在校大学生的职业情感认同越低。对于无实习经验的在校大学生来说，人口属性和新闻教育因素的影响比较有限，对应的 R 方分别为 0.002 和 0.004，而职业认知认同危机因素的影响将调整 R 方从 0.006 提升至 0.100，主要表现为社会功能和职业需要方面的理想与现实差异越大，在校大学生的职业情感认同越低。

在职业行为认同领域，对于有实习经验的在校大学生来说，人口属性和新闻教育因素影响有限，对应的调整 R 方分别为 0.013 和 −0.010，而实习环境因素的影响比较明显，对应的调整 R 方为 0.232，表现为实习满意度对其职业行为认同具有显著影响；而职业认知认同危机、职业情感认同危机等因素的影响将调整 R 方进一步从 0.235 提升至 0.355，具体表现为：职业认知认同危机（专业技能和职业需求的理想与现实差异）越大，在校大学生的职业行为认同越低；职业情感危机（即"我"与"他们"的职业情感认同差异）越大，职业行为认同越高。对于无实习经验的在校大学生来说，同样表现为人口属性和新闻教育因素影响有限，对应的调整 R 方分别为 0.007 和 0.009，而职业认知认同危机、职业情感认同危机等因素的影响将调整 R 方从 0.016 提升至

0.140，主要表现为：职业认知认同危机越大，在校大学生的职业行为认同越低；而当职业情感认同危机越大时，反而会提升其职业行为认同度。

表 21　预测职业认同的多元性回归模型（N = 221）①

	模型 1：职业认知认同		模型 2：职业情感认同		模型 3：职业行为认同	
	有实习	无实习	有实习	无实习	有实习	无实习
第一层：人口属性						
性别（0 = 男性）	0.21 ***	0.04 **	0.10	0.08	0.19 **	0.07
年龄	− 0.01	0.00	0.08	0.06	0.00	0.03
调整的 R^2	0.023	0.017	0.012	0.002	0.013	0.007
第二层：新闻教育						
受新闻教育时长	0.14 ***	0.21 ***	− 0.07	− 0.07	0.01	0.06
调整的 R^2	0.105	0.312	0.009	0.006	0.003	0.016
第三层：实习环境						
实习时长	− 0.02 *		0.02		0.01	
实习满意度	0.01		0.02 *		0.19 ***	
调整的 R^2	0.107		0.011		0.235	
第四层：危机类型						
社会功能危机			0.03	− 0.18 **	− 0.01	− 0.08
行为规范危机			− 0.01	− 0.06	− 0.02	0.01
专业素养危机			− 0.06	0.13	− 0.22 **	− 0.07

---

① 注：在哑变量设置方面，性别以男性、专业类别以其他专业、家庭所在地以农村为基准。同时，由于正文篇幅有限，未能在此呈现回归模型的完整结果；譬如，回归结果表明，相比居住在农村的大学生，居住在直辖市或省会城市的大学生往往具有较低的职业情感认同和行为认同倾向；同时，相比在其他类别媒体实习过的大学生，在电视媒体实习的经验让大学生更容易拥有更高的职业情感认同和行为认同倾向。

续表

	模型1：职业认知认同		模型2：职业情感认同		模型3：职业行为认同	
	有实习	无实习	有实习	无实习	有实习	无实习
专业技能危机			0.01	−0.06	0.15 *	0.01
职业需要危机			−0.22 ***	−0.14 **	−0.06 *	−0.14 **
职业情感危机					0.10 **	0.18 ***
调整的 R^2			0.163	0.100	0.355	0.140
样本数 N	104	117	104	117	104	117
F	1.562	7.583	1.743	1.993	3.023	2.348
Sig.	0.077	0.000	0.031	0.028	0.000	0.007

注：*、**、***表示自变量对因变量不产生显著性影响的可能性分别不超过 10%、5% 和 1%。

三、结论与讨论

本研究基于对北京地区某高校新闻学院的本科生和硕士生进行问卷调查，探究了该群体的职业认同危机状况及其可能产生的影响。主要发现有：

第一，职业认知认同较高，职业情感认同与职业行为认同水平相对一般。新闻院系在校生群体的职业认知认同（M = 3.98，SD = 0.840）水平普遍较高，但其职业情感认同（M = 3.34，SD = 1.124）和职业行为认同（M = 3.47，SD = 1.020）则相对一般。这表明在校生普遍对媒体社会功能、职业行为规范等职业基本准则和价值观具有较高的认同度，但对于职业的喜爱度、归属感等职业情感和行为意愿、额外工作等职业行为则存在较大疑虑。当前伴随着传媒体制改革和市场经济的快速发展，新闻专业学生在职业选择方面已变得更加现实，"对薪酬福利和其他福利"的追求，超过了对新闻专业主义的追求和使命（陶建杰，2016），使得新闻教育培养出一些认知的"巨人"、行动的"薄情矮子"，较高的职业认知认同始终无法正向促进职业情感认同（r = -0.110，Sig. = 0.104）和职业行为认同（r = 0.002，Sig. = 0.971）的提升。同时，在职业社会地位排序方面，新闻学院在校生普遍认为"媒体采编人员"的社会地位低于"国家机关、企事业单位负责人""律师""医生"等职业，仅高于"企事业单位营销人员"职业；并且受教育程度越高的在校生，对"媒体采编人员"社会地位的评价越低（Beta = -0.414，Sig. = 0.000），显示出该群体较低的职业情感认同和行为认同。该结论的得出，在某种程度上也解释了当今面对传统媒体经济收入下滑、职业上升空间有限等的困境，越来越多的传媒从业者开始主动选择逃离传媒行业。本次调查数据显示，仅有 28.6% 的在校生表示"未来我愿意长期从事新闻职业工作"。新闻学院在校生所存在的这种"高职业认知认同""低职业情感认同"和"低职业行为认同"的倾向提醒我们，未来的新闻教育除了继续加强新闻知识的教育外，还应多涵养学生的家国情怀、历史使命感、责任感和社会担当意识，避免培养"精致的利己主义者"。当然，新闻教育只是新闻入职的"前奏"，提升新闻人的职业情感认同与职业行为认同最终还取决于新闻业自身。我们期待新闻业充满经济活力、富有社会影响力，期待新闻业可以为新闻学院在校生安顿自己的新闻理想提供一方空间。

第二，高校成功的知识教育构建起在校生较高的职业认知认同，而实习环境则影响有限。无论在校生是否有实习经验，新闻教育均是影响其职业认知认同的主要因素（△R2 分别为 0.295 和 0.082，均明显高于其他因素的影响）。并且受教育时长越久，职业认知认同水平越高（Beta 值分别为 0.21 和 0.14，Sig. 值分别为 0.000 和 0.001）；而实习环境因素对于有实习经验的在校生的职业认知认同影响有限（F = 1.213，Sig. = 0.254）。这说明新闻教育对当前新闻院系在校生职业认知认同的建构发挥着重要作用，绝大多数在校生对新闻职业的基本准则和价值观等的看法较为一致，当前在校生职业认同的建构主要来源于高校成功的知识教育。

　　职业认知认同危机一方面主要表现为"新闻专业性""媒体功能"等职业社会价值层面上"理想"与"现实"的显著差异（除"媒体功能"中的"提供娱乐"对应的 Sig 值大于 0.05，其余 Sig 值均小于0.05），另一方面主要表现在"职业需求"等职业个体价值层面上"理想"与"现实"的显著差异（Sig 值均小于 0.05）。从社会价值层面看，伴随着互联网媒体的出现，新闻从业者的职业地位和编辑权正逐渐丧失，新闻职业正从早期的"无冕之王"下滑为"新闻民工"，"把关人"的权利让渡给了受众，新闻的公共性逐渐让位于商业性，哗众取宠已成为手段甚至是目标（彭增军，2017）。面对新闻行业环境的巨大变革，根据皮亚杰的认知发展理论，当前新闻院系在校生根据前人或书本上所建构起来的原有认知结构已难以适应当前社会，进而引发对原有认知结构的重组和改变，对职业认知认同逐渐产生困惑并缺乏行动的"方位感"（皮亚杰，1981：29 - 64）；同样地，在职业个体价值层面，新闻职业工作环境的恶化使得该职业已很难满足在校生的职业需求，尤其是"生理和安全"层面的需要（M = 2.89，SD = 0.815）。

　　第三，职业认同危机类型直接影响着新闻学院在校生的职业情感认同和职业行为认同表现。当前新闻学院在校生职业情感认同和职业行为认同相对较低，新闻职业的吸引力严重不足，造成此种状况的原因主要在于：首先，实践过程中感受到的新闻职业社会价值始终难以实现，譬如，社会功能认知的"理想"与"现实"差异对无实习经验的在校生职业情感认同具有负面影响（Beta = - 0.18，Sig. = 0.023），专业素养认知的"理想"与"现实"差异对有实习经验的在校生职业行为认同具有负面影响（Beta = - 0.22，Sig. = 0.014）。其次，新闻职业所能提供的工资待遇和工作成就感远低期待，譬如，职业需要方面认知认同危机（"理想"与"现实"的差异）均对在校生的职业情感认同和行为认同具有负面影响（Beta 值均为负数，Sig 均小于 0.10）。但与此同时，职业情感认同的危机（"自我"职业情感认同与"他人"职业情感认同之差距）反而会提升在校生的职业行为认同度，其原因主要在于：就在校生整体而言，虽其"自我"的职业情感认同表现（M = 2.85，SD = 1.102）要低于"他人"（M = 3.05，SD = 0.954），但该群体中"自我"情感认同与"他人"差距大者也往往是那些具有较高职业情感认同的在校生，因而其职业行为表现也往往更为积极。此外，周围在校生所感受到的职业自豪感等的不足和职业动力的匮乏也降低了新闻院校在校生对新闻业的情感认同与从事新闻业的意愿。通过相关性可以发现，周围其他人的职业情感和职业行为表现能够显著影响该群体的职业情感认同和职业行为认同表现（Beta. = 0.366，Sig. = 0.000；Beta. = 0.530，Sig. = 0.000），在一定程度上也证明了"同侪效应"的存在。

　　职业情感认同危机和职业行为认同危机主要表现为"我"与"他们"之间的矛盾冲突，其中，新闻学际在校生在"职业喜爱度""自豪感""归属感"和"行为意愿"等方面的自我感知均低于"他人"，而在"职业义务工作"方面的自我感知则高于"他人"，验证了"乐观偏见"（biased optimism）效应的存在，即人们倾向于对自己构建更好的形象，认为自己比他人要更优秀且能够逃避负面事物（Gunther & Mundy，1993），其中值得注意的是，逃离新闻职业正日益成为当前在校生的一种荣誉，本次调查数据显示，仅有 30.3% 的大学表示"毕业后我首选新闻职业"，而 41.7% 则明确表示毕业后不会首选新闻职业。这表明在"理想"与"现实"面前越来越多的在校生开始选择逃离新闻职业，而部分在校生选择新闻职业也许在相当程度上并未建立在职业喜爱度和情感归属基础之上，而是在个人专业限定下所做出的权宜之举。这种可能性也许是导致新闻业流动性高、职业倦怠现象普遍的原因之一。

　　由此可见，在当前传统新闻产业逐渐消解、新闻职业正不断重新定义的背景下，新闻教育机构一方面应尽早确立能够符合中国新闻实践的一套职业准则和行为规范，媒体机构应充分重视新闻工作的专业性和社会价值，促进新闻职业规范化、有序化发展；另一方面，应加强理论与实践的相结合，通过邀请媒体人进课堂授课的方式促进在校生对新闻实践的认知和理解。同时，媒体机构应制定实习生人才管理培训工作，建立健全对实习生群体的劳动权益保障制度，切实提高在校生的实习满意度。

　　本研究的创新之处主要表现为：一是研究主题的新颖性。目前国内外关于新闻从业者的研究主要集中在从业状况、工作满意度等领域，而缺乏对职业认同方面的研究，而本研究认为职业认同也是新闻从业者职业工作过程中的重要心理因素，其直接影响新闻从业者的工作积极性和未来的职业选择等；同样地，在当前传统媒体人才不断流失的困境下，关注中观的、职业/行业层面的"职业认同危机"要比关注微观的、组织层面的"工作满意度"更具实践价值。二是研究视角的创新。根据前人的研究成果（陆晔、潘忠党，2002；Chan，Pan & Lee，2004），新闻从业者在"职业认知认同"方面存在"理想"与"现实"之间的矛盾，但是这些研究并未对此进行深入的挖掘。基于此，本研究重点关注了新闻从业者在"职业认同"方面所存在的"理想"与"现实""我"与"他们"之间的冲突和矛盾，以及这种冲突和矛盾所可能产生的影响等。与此同时，本研究亦存在下述两个方面的局限：首先，在研究样本的选取方面，本研究只选择了北京地区一所高校新闻学院为抽样对象，样本范围有待扩充；同时，受有效样本数量所限，对应到"有"或"无"实习经历的两类学生的数量分别只有 104 和 117 名，这可能致使回归模型拟合存在一定的统计误差，影响研究结论推广至所有高校新闻学院在校生的准确性。其次，本研究只考察了职业认同危机的表现和影响，但对于职业认同危机诞生的内因，则缺乏深入研究。上述不足，亦提示了下一步研究的方向。

第四章

困惑与坚守：新闻从业者
职业认同危机分析

本章摘要： 本部分通过对319名新闻从业者的问卷调查发现，当前新闻从业者整体存在较大的职业认同危机，具体表现为：在职业认知认同层面，主要存在自我角色期待的"理想"与"现实"的断裂、专业理念的"理想"与"现实"冲突以及职业价值需求的"应然"与"实然"的冲突矛盾；在职业情感认同和职业行为认同层面，则存在较大的"我"与"他们"之间的差异危机。与此同时，新闻从业者的职业认同危机内部也存在层层递进的影响关系，即职业认知认同危机会进一步影响职业情感认同危机和职业行为认同危机，而职业情感危机也会进一步影响职业行为认同危机。

随着新媒体的崛起和传统媒体的衰落，一方面新闻从业者离职现象频频发生，以南方报业集团为例，2012—2014年的离职人员数量分别为141人、176人和202人，呈现人员流失加剧趋势；① 另一方面职业伦理失范现象屡屡发生，有研究指出，目前中国报纸从业者对付费采

---

① 《南方报业集团去年202人离职》，新浪网2015年1月12日，检索于http：// news. sina. com. cn/m/2015 – 01 – 12/094331388393. shtml。

访、暗访等行为的接受度已超过90%，呈现较高包容度。[①] 这些现象的背后均说明了当前新闻从业者对新闻职业的认同度正呈现逐渐下滑的趋势，并且其职业认同层面已面临着巨大危机。而这种危机的产生不仅容易使新闻从业者在心理层面产生排斥和疏离的情绪，而且容易造成其行为层面的失范。[②] 基于此，本研究旨在分析新闻从业者职业认同危机的表现、产生原因及其影响效果等，进而为中国新闻媒体人力资源管理提供理论和现实借鉴。

本研究主要通过采用滚雪球抽样方法。在调查的初期阶段，本研究对部分新闻从业者进行深度访谈，结合他们的职业认同危机状况对问卷进行了修正。正式问卷发布阶段，于2017年4月11日在"问卷网"上开始发布，并通过分享链接到微信朋友圈、微信群、QQ空间、新浪微博、相关论坛贴吧等渠道，截至2018年7月20日，共发放问卷375份，收回有效问卷319份，有效率为85.07%。问卷的信度系数 α 达到0.972，处于良好状态；职业认知认同、情感认同和行为认同等维度的效度系数KMO值分别为0.739、0.895和0.861，均大于0.7且Sig值均小于0.05，符合要求。

第一节　传媒从业者的基本情况描述

在此次的样本调查中，男性有120人，占比37.60%；女性为199人，占比62.40%。年龄分布在21~58岁之间，平均年龄为31.43岁。在受教育程度方面，大学本科和硕士研究生比较多，分别有171和74

---

① 黄建友、张志安：《付费采访与暗访的认知正当化》，《传播与社会学刊》2015年第33期，第119－151页。
② 高成：《学科教学论教师身份认同危机的成因及消解》，《教师教育研究》2015年第1期，第12－16页。

人，分别占比 53.60% 和 23.20%；大学专科、高中及以下和博士研究生比较少，分别有 53、6 和 15 人，分别占比 16.60%、1.90% 和 4.70%。在新闻受教育（包括新闻培训）年限方面，平均年限为 3.75 年；其中受教育年限为"3～4 年"的最多，为 98 人，占比 30.70%，其次为"5～6 年""1～2 年"和"从未受训"，对应的人数分别为 68、56 和 5 人，分别占比 21.30%、17.60% 和 16.90%，最后为"7～8 年"和"9 年及 9 年以上"，对应的人数分别为 6 和 37 人，分别占比 1.90% 和 11.60%。在工作区域方面，分布最多的地区分别为华北和华东地区，对应的人数分别为 113 和 75 人，分别占比 35.40% 和 23.50%；其次为西南和华南地区，对应的人数分别为 51 和 41 人，分别占比 16.00% 和 12.90%；最后为东北、华中和西北地区，对应的人数分别为 17、12 和 10 人，分别占比 5.30%、3.80% 和 3.10%。在工作薪酬方面，平均薪酬为 8 981.19 元；并且多数集中分布在"4 000～5 999 元""10 000～11 999 元"和"6000－7999 元"，对应的人数分别有 92、63 和 59 人，分别占比 28.80% 和 19.70% 和 18.50%。在灰色收入获得方面，绝大部分新闻从业者表示未收取包括车马费等灰色收入，对应的人数为 262 人，占比 82.10%；而少数的从业者表示收取过灰色收入，并且其金额非常有限，有 48 名从业者表示每月收取的灰色收入为"1～999 元"，而仅有 6 名记者表示每月收取的灰色收入"高于 1 000 元"。在合同编制方面，多数从业者为"劳动合同制"，对应的人数为 220 人，占比 69.00%；而"事业编制""劳务派遣制"和"其他"的占比则较少，对应的人数分别为 86、9 和 7 人，分别占比 26.00%、2.80% 和 2.20%。

在工作经历方面，主要通过工作单位类型、单位级别、岗位类别、工作时长和工作满意度等五个题项进行测量。首先，在工作媒体机构类型方面，拥有报纸、电视台、互联网媒体和期刊等工作经历的新闻从业者人数最多，分别有 155、116、106 和 51 人，分别占比 48.60%、

36.40%、33.20% 和 16.00%，而拥有通讯社、广告公关类公司、广播电台、出版社和其他媒体等从业经历的从业者人数较少，分别有 12、18、6、9 和 15 人，分别占比 3.80%、5.60%、1.90%、2.80% 和 4.70%（见表 22）；在工作媒体行政级别方面，拥有省级媒体和中央级媒体等工作经历的新闻从业者人数较多，分别有 149 和 90 人，分别占比 46.70% 和 28.20%；其次为地市级媒体和商业媒体，对应的人数分别为 50 和 42 人，分别占比 15.70% 和 13.20%；最后为县级媒体和不知道行政级别，对应的人数分别为 3 和 6 人，分别占比 0.90% 和 1.90%（见表 23）。在工作媒体岗位方面，拥有记者类和编辑/编导/文案类等工作经历的新闻从业者人数较多，分别有 226 和 153 人，分别占比 70.80% 和 48.00%；其次为经营类和其他类，分别有 30 和 27 人，分别占比 9.40% 和 8.50%；最后为技术/美工类，为 6 人，占比 1.90%（见表 24）。

表 22　新闻从业者的工作媒体机构类型划分状况（N = 319）

媒体机构类型	频率	百分比	个案百分比
报纸	155	31.8%	48.6%
期刊	51	10.5%	16.0%
电视台	116	23.8%	36.4%
广播电台	6	1.2%	1.9%
出版社	9	1.8%	2.8%
通讯社	12	2.5%	3.8%
互联网媒体	106	21.7%	33.2%
广告公关类公司	18	3.7%	5.6%
其他媒体	15	3.1%	4.7%
合计	488	100.0%	153.0%

表 23　新闻从业者的工作媒体行政级别划分状况（N = 319）

媒体行政级别	频率	百分比	个案百分比
中央级媒体	90	26.5%	28.2%
省级媒体	149	43.8%	46.7%
地市级媒体	50	14.7%	15.7%
县级媒体	3	0.9%	0.9%
商业媒体，无行政级别	42	12.4%	13.2%
不知道行政级别	6	1.8%	1.9%
总计	340	100.0%	106.6%

表 24　新闻从业者的工作媒体岗位分布状况（N = 319）

媒体岗位	频率	百分比	个案百分比
记者类	226	51.1%	70.8%
编辑/编导/文案类	153	34.6%	48.0%
经营类	30	6.8%	9.4%
技术/美工类	6	1.4%	1.9%
其他类	27	6.1%	8.5%
合计	442	100.0%	138.6%

在媒体工作时长方面，平均年限为 5.36 年；其中拥有 "3 ~ 4 年" "5 ~ 6 年" 和 "0 ~ 2 年" 工作时长的新闻从业者人数较多，分别有 99、80 和 47 人，分别占比 31.00%、25.10% 和 14.70%；其次为 "7 ~ 8 年" "11 年及 11 年以上" 和 "9 ~ 10 年"，分别有 37、33 和 23 人，分别占比 11.60%、10.30% 和 7.20%（见表 25）。在工作满意度方面，新闻从业者的平均满意度为 3.11，说明新闻从业者对新闻媒体工作具有一定的满意度（见表 26）；其中表示 "比较满意" 和 "非常满意" 的从业者分别有 107 和 12 人，对应的比例分别为 33.50% 和 3.80%，表

示"比较不满意"和"非常不满意"的从业者分别有 48 和 24 人，对应的比例分别为 15.00% 和 7.50%，而表示"一般"的从业者则有 128 人，占比 40.10%（见表 27）。

表 25　新闻从业者的媒体工作时长状况（N=319）

媒体从业年限	频率	百分比	累计百分比
0-2 年	47	14.7%	14.7%
3-4 年	99	31.0%	45.8%
5-6 年	80	25.1%	70.8%
7-8 年	37	11.6%	82.4%
9-10 年	23	7.2%	89.7%
11 年及 11 年以上	33	10.3%	100.0%
合计	319	100.0%	

表 26　新闻从业者的工作满意度平均值状况（N=319）

	极小值	极大值	均值	标准差
工作满意度	1.00	5.00	3.11	0.963

表 27　新闻从业者的工作满意度分布状况（N=319）

	频率	百分比	累计百分比
非常不满意	24	7.5%	7.5%
比较不满意	48	15.0%	22.6%
一般	128	40.1%	62.7%
比较满意	107	33.5%	96.2%
非常满意	12	3.8%	100.0%
合计	319	100.0%	

第二节 职业认同和职业认同危机的测量及表现

由于职业认同危机大体可以分为三个层面：职业认知认同危机、职业情感认同危机和职业行为认同危机，故本节主要按照这三个层面分别介绍新闻从业者的表现状况。

一、职业认知认同和职业认知认同危机的测量及表现

（一）职业认知认同和职业认知认同危机的测量

关于职业认知认同危机的测量，主要通过新闻从业者在职业认知认同领域是否存在"理想"与"现实"或"应然"与"实然"的差异等题项进行测量。而职业认知认同，不仅包括个体关于新闻职业所具有社会价值和社会规范的判断，[①] 主要通过考察媒体社会功能[②]、职业行为规范[③]、新闻专业素养[④]和新闻专业技能[⑤]等指标进行获得；也包括个

---

① 陆晔、潘忠党：《成名的想象：中国社会转型过程中新闻从业者的专业主义话语建构》，《新闻学研究》2002 年第 71 期，第 1 - 32 页。

② Chan J. M., Pan Z. and Lee F. L. F., "Professional aspirations and job satisfaction: Chinese journalists at a time of change in the media," *Journalism & Mass Communication Quarterly*, Vol. 81, No. 2, 2004, pp. 254 - 273.

③ 罗文辉等：《大陆、香港、台湾新闻人员工作满意度之比较研究》，《中国大陆研究》2002 年第 1 期，第 1 - 18 页。

④ 罗文辉：《选择可信度：1992 及 2002 年报纸与电视新闻可信度的比较研究》，《新闻学研究》2004 年第 80 期，第 1 - 50 页。

⑤ Anderson C. W., Bell E., and Shirky C., *Post - Industrial Journalism: Adapting to the Present.* Columbia: Tow Center for Digital Journalism, 2012, Research Report.

体关于新闻职业对自身重要性的认识,[①] 主要通过考察职业需求判断[②]指标进行获得。通过对以上各个指标题项的主成分分析发现,在媒体社会功能方面,可以分为"环境监测"(Cronbach's α = 0.932)、"舆论监督"(Cronbach's α = 0.972)、"提供知识与娱乐"(Cronbach's α = 0.931)和"政治宣传"(Cronbach's α = 0.918)四个因子;在职业行为规范方面,可以分为"暗访"(Cronbach's α = 0.847)、"有偿新闻"(Cronbach's α = 0.876)和"兼职"(Cronbach's α = 0.769)三个因子;在专业素养方面,分为"报道可信面向"(Cronbach's α = 0.958)和"社会关怀面向"(Cronbach's α = 0.929)两个因子;在专业技能方面,分为"基本技能"(Cronbach's α = 0.967)、"专业技能"(Cronbach's α = 0.953)和"互联网技能"(Cronbach's α = 0.851)三个因子;在职业需求判断方面,分为"生理和安全需要"(Cronbach's α = 0.861)、"情感和尊重需要"(Cronbach's α = 0.841)和"自我实现需要"(Cronbach's α = 0.898)三个因子。

(二)职业认知认同和职业认知认同危机的表现

在新闻职业对社会重要性方面,其中在社会功能评价层面,由表28可以得出,新闻从业者普遍认为媒体的"环境监测"(M = 4.23,SD = 1.091)与"舆论监督"(M = 3.80,SD = 1.466)功能最重要;在我国的社会现实中表现最好的是"政治宣传"功能(M = 4.19,SD = 1.093),而"舆论监督"(M = 2.47,SD = 1.312)与"环境监测"(M = 3.56,SD = 1.171)功能则表现一般。配对 T 检验结果显示,新闻从业者在各项功能方面均存在显著性差异,具体表现为:现实生活中看重

---

① 魏淑华、宋广文、张大均:《我国中小学教师职业认同的结构与量表》,《教师教育研究》2013 年第 1 期,第 55 - 60 页。

② Maslow A. H., "Preface to motivation theory," *Psychosomatic Medicine*, Vol. 5, No. 1, 1943, pp. 85 - 92.

媒体的"政治宣传"功能，而对"环境监测""舆论监督"和"提供知识和娱乐"功能反映不够。具体到各个题项，新闻从业者最认可的媒体功能分别为"帮助公众了解党和政府的政策""迅速准确地报道国内外新闻"和"对公众关注的社会话题提供分析和阐释"。媒体社会功能感知存在明显的"现实"与"理想"差异，其中差异最大的题项分别为"对公众关注的社会话题提供分析和阐释""质疑并批评政府官员"和"质疑并批评社会团体"，差异最小的题项分别为"为公众提供文化休闲和娱乐""为公众提供感兴趣的信息"和"宣传党和政府的政策、文件等"。

表 28　新闻从业者的媒体功能认知状况（N = 319）

		理想 M	标准差	现实 M	标准差	显著性	Sig
环境监测	迅速准确地报道国内外新闻	4.22	1.215	3.55	1.294	11.13	0.000
	帮助公众了解党和政府的政策	4.31	1.049	3.75	1.256	9.99	0.000
	对公众关注的社会话题提供分析和阐释	4.17	1.216	3.38	1.297	12.29	0.000
舆论监督	质疑并批评政府官员	3.11	1.434	2.37	1.365	9.20	0.000
	质疑并批评社会团体	3.26	1.429	2.57	1.348	9.33	0.000
提供娱乐	为公众提供文化休闲和娱乐	3.69	1.318	3.74	1.097	-0.98	0.327
	为公众提供感兴趣的信息	3.83	1.355	3.58	1.194	3.56	0.000
	提高公众的文化知识水平	3.78	1.265	3.16	1.358	9.17	0.000

续表

		理想 M	标准差	现实 M	标准差	显著性	Sig
政治宣传	作为党和政府的喉舌	3.76	1.519	4.18	1.149	-6.19	0.000
	宣传党和政府的政策、文件等	3.84	1.453	4.19	1.119	-4.92	0.000
环境监测		4.23	1.091	3.56	1.171	13.50	0.000
舆论监督		3.80	1.466	2.47	1.312	15.35	0.000
提供知识与娱乐		3.76	1.231	3.50	1.103	5.04	0.000
政治宣传		3.18	1.376	4.19	1.093	-11.70	0.000
整体		3.80	0.973	3.45	0.967	10.29	0.000

在新闻职业行为规范方面，由表29可以得出，新闻从业者最不认同的行为是"有偿新闻"（M = 1.86，SD = 0.974），其次为"兼职"（M = 1.88，SD = 1.073），而对于"暗访"行为则保持中立态度（M = 2.92，SD = 1.373），而在现实过程中，"有偿新闻"（M = 2.92，SD = 1.347）和"兼职"（M = 2.17，SD = 1.165）等行为的发生频率均高于理想状况，并且配对T检验结果显示，除"暗访"行为外，"有偿新闻"和"兼职"行为规范均呈现出"理想"与"现实"的差异。具体到各个题项，新闻从业者最不认同的新闻职业行为规范分别为"在新闻报道中披露性侵犯罪案件受害者名字或过程细节""接受被访单位或个人的现金馈赠/礼品或礼券等"和"在政府机构兼职"，对"在新闻调查过程中可以使用隐藏性录音录像设备""在采访过程中可以隐藏自己的真实身份"和"为提高发行/收视/点击率而使用煽情化手法处理新闻标题/内容"等行为则相对宽容些。整体而言，从业者认为当前新闻职业行为规范存在明显的"应然"与"实然"间的差异，即认为现实生活中普遍存在违反新闻职业行为规范的行为，其中差异最大的题项分别为"主动淡化不利于广告客户的负面新闻""接受被访单位或个人的现金馈赠/礼品或礼券等"和"为提高发行/收视/点击率而使用煽情

化手法处理新闻标题/内容"，差异最小的题项分别为"在采访过程中可以隐藏自己的真实身份""在新闻调查过程中可以使用隐藏性录音录像设备"和"在政府机构兼职"。

表29　新闻从业者的新闻职业行为规范认知状况（N=319）

		理想 M	标准差	现实 M	标准差	显著性	Sig
暗访	在采访过程中可以隐藏自己的真实身份	2.66	1.438	2.78	1.385	-1.31	0.192
	在新闻调查过程中可以使用隐藏性录音录像设备	3.18	1.510	2.97	1.389	2.13	0.034
	在新闻报道中披露性侵犯罪案件受害者名字或过程细节	1.59	1.089	2.27	1.280	-8.37	0.000
有偿新闻	接受被访单位或个人的招待用餐	1.93	1.119	2.91	1.385	-12.17	0.000
	接受被访单位或个人的现金馈赠/礼品或礼券等	1.64	1.048	2.74	1.405	-13.82	0.000
	为提高发行/收视/点击率而使用煽情化手法处理新闻标题/内容	1.96	1.237	2.98	1.493	-10.65	0.000
	主动淡化不利于广告客户的负面新闻	1.91	1.151	3.06	1.473	-12.98	0.000
兼职	在政府机构兼职	1.87	1.134	2.15	1.213	-3.60	0.000
	在其他企业兼职	1.89	1.244	2.18	1.269	-3.58	0.000
	暗访	2.92	1.373	2.88	1.301	0.49	0.625
	有偿新闻	1.86	0.974	2.92	1.347	-13.66	0.000
	兼职	1.88	1.073	2.17	1.165	-4.02	0.000
	整体	2.07	0.819	2.67	1.090	-9.58	0.000

在新闻专业素养方面，由表30可以得出，新闻从业者认为新闻从业者应具有"报道可信面向"（M=4.51，SD=0.870）和"社会关怀面向"（M=4.26，SD=1.044）两种专业素养，但在现实过程中均未得到很好体现，并且配对T检验结果显示，这两种专业素养均呈现出"应然"与"实然"的显著性差异。具体到各个题项，新闻从业者最认同的专业素养分别为"事实准确""报道客观"和"保持公正"，对"推动社会改革""重视公众意见"和"争抢时效"虽保持较高的认同度但相对宽容些。整体而言，从业者普遍认为当前新闻专业素养存在明显的"应然"与"实然"间的差异，即认为现实生活中新闻从业者并没有很好地体现出新闻专业素养，其中差异最大的题项分别为"保持公正""维护公众知情权利"和"事实准确"，而差异最小的题项分别为"时效性强""推动社会改革"和"详细完整"。

表30　新闻从业者的新闻专业素养认知状况（N=319）

		理想 M	标准差	现实 M	标准差	显著性	Sig
报道可信面向	时效性强	4.33	1.043	3.81	1.222	7.70	0.000
	事实准确	4.67	0.854	3.25	1.220	21.18	0.000
	报道客观	4.57	0.962	3.16	1.215	20.03	0.000
	详细完整	4.37	1.041	3.11	1.189	17.82	0.000
	保持公正	4.57	0.922	3.03	1.241	21.23	0.000
	维护公众知情权利	4.53	0.903	3.05	1.278	20.33	0.000
社会关怀面向	推动社会改革	4.27	1.077	3.12	1.341	14.70	0.000
	重视公众意见	4.26	1.084	2.97	1.350	15.22	0.000
报道可信面向		4.51	0.870	3.24	1.090	21.77	0.000
社会关怀面向		4.26	1.044	3.05	1.295	15.96	0.000
整体		4.45	0.863	3.19	1.116	20.89	0.000

在新闻专业技能方面，由表31可以看出，新闻从业者认为新闻从

业者最应具备的技能为"基本技能"（M=4.35，SD=0.932）和"专业技能"（M=3.98，SD=1.059），并且随着近年来互联网媒体的崛起，"互联网技能"也为部分从业者所认可（M=3.22，SD=1.137），但在现实生活中，从业者认为自身具备一定的"基本技能"（M=4.05，SD=0.947）和专业技能（M=3.39，SD=1.140），但互联网技能则表现较差（M=2.69，SD=1.146），并且配对T检验结果显示，三项专业技能均呈现出显著的"应然"与"实然"差异。具体到各个题项，新闻从业者认为该群体最应具备的技能为"新闻价值判断能力""写作与文字编辑能力"和"信息整合能力"，而对"运用HTML语言能力""计算机编程能力"和"较强的外语能力"则相对宽容些。整体而言，从业者普遍认为自身目前所具备的能力并没有很好地达到理想状态，其中差异最大的题项分别为"音频记录与编辑能力""视频记录与编辑能力"和"较强的外语能力"，差异最小的题项分别为"信息整合能力""与受众/用户互动的能力"和"写作与文字编辑能力"。

表31　新闻从业者的新闻专业技能认知状况（N=319）

		理想 M	标准差	现实 M	标准差	显著性	Sig
基本技能	信息整合能力	4.29	0.970	4.05	0.975	6.31	0.000
	写作与文字编辑能力	4.36	0.964	4.05	0.978	7.44	0.000
	新闻价值判断能力	4.40	0.949	4.06	0.997	8.45	0.000
专业技能	图片拍摄与编辑能力	4.03	1.088	3.59	1.107	8.58	0.000
	视频记录与编辑能力	3.98	1.123	3.33	1.272	10.02	0.000
	音频记录与编辑能力	3.94	1.113	3.24	1.301	9.84	0.000
	与受众/用户互动的能力	3.93	1.125	3.62	1.175	5.11	0.000
	信息可视化的能力	3.69	1.222	3.26	1.261	6.55	0.000
	数据估计与分析能力	3.69	1.119	3.24	1.195	6.86	0.000

续表

		理想 M	标准差	现实 M	标准差	显著性	Sig
互联网技能	较强的外语能力	3.34	1.259	2.71	1.305	9.44	0.000
	计算机编程能力	3.03	1.376	2.44	1.356	6.97	0.000
	运用 HTML 语言能力	2.93	1.374	2.38	1.366	6.63	0.000
基本技能		4.35	0.932	4.05	0.947	8.45	0.000
专业技能		3.98	1.059	3.39	1.140	10.64	0.000
互联网技能		3.22	1.137	2.69	1.146	7.72	0.000
整体		3.80	0.891	3.33	0.838	10.95	0.000

在新闻职业对自身重要性方面，其中在职业社会地位评价方面，由表 32 可以得出，新闻院系在校大学生普遍认为"媒体采编人员"（M = 3.21，SD = 1.265）的社会地位一般，明显低于"国家机关、企事业单位负责人""医生"和"律师"等群体，仅高于"企事业单位营销人员"群体，处于各个社会职业的中下等水平。与此同时，在周围其他新闻从业者的心目中，"媒体采编人员"（M = 2.89，SD = 1.272）的社会地位也处于较低水平，仅高于"企事业单位营销人员"群体。配对 T 检验结果显示，新闻从业者认为自我所感知的"媒体采编人员"社会地位与周围其他新闻从业者心目中的社会地位存在显著性差异（Sig. = 0.000 < 0.05），即倾向于认为自我感知的"媒体采编人员"社会地位要比他人所感知的更高些。

表 32　新闻从业者的职业社会地位认知状况（N = 319）

主要职业	理想 M	标准差	现实 M	标准差	显著性	Sig
国家机关、企事业单位负责人	4.19	1.084	4.37	1.003	-4.65	0.000
医生	4.07	1.051	4.07	1.075	0.17	0.869
律师	3.87	1.089	3.89	1.127	-0.51	0.613

续表

主要职业	理想 M	标准差	现实 M	标准差	显著性	Sig
教师	3.81	1.123	3.83	1.201	-0.46	0.643
军人	3.71	1.232	3.52	1.215	5.35	0.000
警察	3.34	1.263	3.36	1.253	-0.48	0.634
IT 技术人员	3.40	1.131	3.34	1.166	1.14	0.253
金融白领	3.69	1.136	3.74	1.126	-0.99	0.322
媒体采编人员	3.21	1.265	2.89	1.272	6.04	0.000
企事业单位营销人员	2.71	1.219	2.64	1.243	1.61	0.108

在职业需求判断方面，由表33可以得出，新闻从业者最看重的职业需求为"自我实现需要"（M=3.90，SD=1.049），其次为"生理和安全需要"（M=3.64，SD=1.147），最后为"情感和自尊需要"（M=3.43，SD=1.068）；但在现实生活中，"生理和安全需要"（M=2.70，SD=0.981）、"情感和自尊需要"（M=2.93，SD=1.071）和"自我实现需要"（M=3.04，SD=1.162）均未得到很好满足。配对 T 检验结果显示，这三类需求均存在明显的"理想"与"现实"之间的冲突和矛盾。具体到各个题项，新闻从业者最看重的职业需求分别为"新闻职业应能给从业者提供不断进步的机会""新闻职业应能给从业者提供成就感"和"新闻职业应能提供良好的工作环境硬件条件（办公设施齐备、整洁完善等）"，对"新闻职业应具有较低的劳动工作强度""新闻职业应具有较低的危险性"和"新闻职业应能提供令人满意的其他福利（如免费的工作餐、门票等）"的职业需求则相对包容些。整体而言，从业者普遍认为当前职业需求并没有得到很好满足，其中差异最大的题项分别为"新闻职业应能提供令人满意的薪酬收入水平""新闻职业应能提供令人满意的其他福利（如免费的工作餐、门票等）"和"新闻职业应能给从业者提供不断进步的机会"，差异最小的题项分

别为"新闻职业应能提供与各种社会人士打交道的机会""新闻职业应具有较低的劳动工作强度"和"新闻职业应具有较低的危险性"。

表33　新闻从业者的职业需求认知状况（N=319）

		理想 M	标准差	现实 M	标准差	显著性	Sig
生理和安全需要	新闻职业应能提供令人满意的薪酬收入水平	3.79	1.377	2.41	1.137	16.39	0.000
	新闻职业应能提供令人满意的其他福利（如免费的工作餐、门票等）	3.40	1.424	2.41	1.137	12.33	0.000
	新闻职业应能提供良好的工作环境硬件条件（办公设施齐备、整洁完善等）	3.92	1.257	2.97	1.210	10.53	0.000
	新闻职业应有较强的稳定性和保障性	3.80	1.322	2.87	1.265	11.22	0.000
	新闻职业应具有较低的危险性	3.27	1.247	2.82	1.252	5.66	0.000
情感和自尊需要	新闻职业应具有较低的劳动工作强度	2.90	1.297	2.46	1.212	5.27	0.000
	新闻职业应能提供与各种社会人士打交道的机会	3.69	1.262	3.34	1.250	5.46	0.000
	新闻职业应能提供相对宽松的上下级关系	3.69	1.313	2.98	1.326	8.95	0.000

		理想 M	标准差	现实 M	标准差	显著性	Sig
自我实现需要	新闻职业应能让从业者具有较高的社会地位	3.66	1.258	2.98	1.253	8.05	0.000
	新闻职业应能给从业者提供不断进步的机会	4.08	1.116	3.12	1.240	11.87	0.000
	新闻职业应能给从业者提供成就感	3.95	1.183	3.10	1.256	11.39	0.000
	新闻职业应能帮助从业者实现自己的人生价值	3.90	1.144	2.98	1.357	11.09	0.000
生理和安全需要		3.64	1.147	2.70	0.981	14.43	0.000
情感和尊重需要		3.43	1.068	2.93	1.071	8.24	0.000
自我实现需要		3.90	1.049	3.04	1.162	11.78	0.000
整体		3.67	0.987	2.87	0.952	13.48	0.000

二、职业情感认同和职业情感认同危机的测量及表现

（一）职业情感认同和职业情感认同危机的测量

职业情感认同是指个体对新闻职业情感上的认同，而职业情感认同危机则是指新闻从业者关于新闻职业情感方面的认同是否存在"我"与"他们"之间的差异。本研究参照魏淑华等人[①]设置的题项，通过主成分分析法共提取两个因子，分别命名为"喜爱度"（Cronbach's α =

---

① 魏淑华、宋广文、张大均：《我国中小学教师职业认同的结构与量表》，《教师教育研究》2013 年第 1 期，第 55 - 60 页。

0.943）和"归属感"（Cronbach's α = 0.923），这两个因子的累计方差贡献率达到 81.07%。其中"喜爱度"包括"我非常热爱新闻职业""我对于新闻职业充满热情""我觉得新闻职业是一份神圣而光荣的工作""我一直很庆幸当年进入了新闻职业而非其他职业"和"我愿意为了新闻职业的发展而付出自己的努力"5 个题项；"归属感"则包括"我非常敬重从事新闻职业的人""当我看到或听到别人积极评价新闻职业时，总是感到十分欣慰""当别人对新闻职业做出消极评价时，我总是感到十分难受"和"当别人谈论有关新闻职业的话题时，我总是愿意参与其中"4 个题项。

（二）职业情感认同和职业情感认同危机的表现

表 34 显示，在职业情感认同表现方面，新闻从业者对新闻职业具有一定的"归属感"（M = 3.19，SD = 1.004）和"喜爱度"（M = 3.06，SD = 0.997）；配对 T 检验的结果显示，从业者在"喜爱度"和"归属感"方面均认为自身的情感表现要高于他人。具体到各个题项，从业者最认同的题项分别有"当我看到或听到别人积极评价新闻职业时，总是感到十分欣慰""当别人对新闻职业做出消极评价时，我总是感到十分难受"和"我觉得新闻职业是一份神圣而光荣的工作"，而对"我一直很庆幸当年进入了新闻职业而非其他职业""我非常热爱新闻职业"和"当别人谈论有关新闻职业的话题时，我总是愿意参与其中"的认同度则相对偏低。整体而言，在校大学生普遍认为自我情感认同与周围其他人的情感认同整体存在显著性差异，其中差异最大的题项分别为"我愿意为了新闻职业的发展而付出自己的努力""当别人对新闻职业做出消极评价时，我总是感到十分难受"和"我觉得新闻职业是一份神圣而光荣的工作"，而差异最小的题项分别为"我非常热爱新闻职业""当别人谈论有关新闻职业的话题时，我总是愿意参与其中"和"我对于新闻职业充满热情"。

表 34　新闻从业者的职业情感认同状况（N = 319）

		理想 M	标准差	现实 M	标准差	显著性	Sig
喜爱度	我非常热爱新闻职业	2.97	1.082	2.61	1.140	5.86	0.000
	我对于新闻职业充满热情	3.05	1.091	2.58	1.133	7.51	0.000
	我觉得新闻职业是一份神圣而光荣的工作	3.16	1.097	2.57	1.166	9.47	0.000
	我一直很庆幸当年进入了新闻职业而非其他职业	2.87	1.238	2.37	1.130	7.39	0.000
	我愿意为了新闻职业的发展而付出自己的努力	3.11	1.146	2.48	1.162	9.72	0.000
归属感	我非常敬重从事新闻职业的人	3.15	1.183	2.59	1.175	9.69	0.000
	当我看到或听到别人积极评价新闻职业时，总是感到十分欣慰	3.34	0.994	2.76	1.156	10.92	0.000
	当别人对新闻职业做出消极评价时，我总是感到十分难受	3.27	1.085	2.64	1.138	10.76	0.000
	当别人谈论有关新闻职业的话题时，我总是愿意参与其中	3.02	1.186	2.63	1.171	6.35	0.000
喜爱度		3.06	0.997	2.52	1.084	10.26	0.000
归属感		3.19	1.004	2.65	1.105	10.69	0.000
整体		3.10	0.945	2.58	1.071	10.96	0.000

三、职业行为认同和职业行为认同危机的测量及表现

（一）职业行为认同和职业行为认同危机的测量

职业行为认同是指个体完成新闻职业工作内基本职责和任务的意愿和实际行为，而职业行为认同危机则是指新闻从业者关于新闻职业行为方面的认同是否存在"我"与"他们"之间的差异。本研究参照魏淑华等人[①]设置的题项，通过主成分分析法共提取了三个因子，分别命名为"行为意愿"（Cronbach's α = 0.842）、"义务工作"（Cronbach's α = 0.930）和"额外工作"（Cronbach's α = 0.904），这三个因子的累计方差贡献率达到87.02%。其中"行为意愿"包括"相比其他职业，目前新闻职业是最适合我的"和"我愿意未来长期从事新闻职业工作"2个题项；"义务工作"包括"我能够按时完成新闻工作方面的任务""我能够认真对待工作方面的相关事宜"和"我总是要求自己严格遵守新闻职业的伦理规范"3个题项；"额外工作"包括"我经常参加一些与新闻职业相关的组织或活动""除上班时间外，我经常会花大量时间学习新闻领域的专业知识"和"我经常给一些新闻职业的年轻记者/编辑提供帮助或指导"3个题项。

（二）职业行为认同和职业行为认同危机的表现

表35显示，在职业行为认同方面，从业者参与"义务工作"的频率较高（M = 4.22，SD = 0.962），并且参与一定的"额外工作"（M = 3.70，SD = 1.144），但对于未来可能从事新闻职业的"行为意愿"则表现较弱（M = 2.82，SD = 1.088）；配对T检验的结果显示，从业者在

---

① 魏淑华、宋广文、张大均：《我国中小学教师职业认同的结构与量表》，《教师教育研究》2013年第1期，第55 - 60页。

"行为意愿""义务工作"和"额外工作"等方面呈现出显著性差异，即从业者认为自己从事新闻职业的意愿、对待新闻专业义务范围内和义务范围外的工作态度要比他人更强更认真。具体到各个题项，从业者最认同的题项分别有"我总是要求自己严格遵守新闻职业的伦理规范""我能够按时完成新闻工作方面的任务"和"我能够认真对待工作方面的相关事宜"，最不认同的题项分别有"我愿意未来长期从事新闻职业工作""相比其他职业，目前新闻职业是最适合我的"和"除上班时间外，我经常会花大量时间学习新闻领域的专业知识"。整体而言，从业者在诸多题项中都表现出"我"与"他们"的职业行为差异，其中差异最大的题项分别为"我总是要求自己严格遵守新闻职业的伦理规范""除上班时间外，我经常会花大量时间学习新闻领域的专业知识"和"我能够认真对待工作方面的相关事宜"，而差异最小的题项分别为"相比其他职业，目前新闻职业是最适合我的""我愿意未来长期从事新闻职业工作"和"我经常参加一些与新闻职业相关的组织或活动"。

表35 新闻从业者的职业行为认同状况（N=319）

		理想 M	标准差	现实 M	标准差	显著性	Sig
行为意愿	相比其他职业，目前新闻职业是最适合我的	2.84	1.149	2.46	1.132	6.16	0.000
	我愿意未来长期从事新闻职业工作	2.80	1.192	2.34	1.108	7.81	0.000

		理想 M	标准差	现实 M	标准差	显著性	Sig
义务工作	我能够按时完成新闻工作方面的任务	4.22	1.044	3.55	1.151	11.04	0.000
	我能够认真对待工作方面的相关事宜	4.21	0.995	3.51	1.135	12.39	0.000
	我总是要求自己严格遵守新闻职业的伦理规范	4.23	1.040	3.31	1.277	14.05	0.000
额外工作	我经常参加一些与新闻职业相关的组织或活动	3.75	1.221	3.25	1.302	6.94	0.000
	除上班时间外，我经常会花大量时间学习新闻领域的专业知识	3.61	1.271	2.85	1.367	11.24	0.000
	我经常给一些新闻职业的年轻记者/编辑提供帮助或指导	3.73	1.256	3.16	1.246	9.63	0.000
行为意愿		2.82	1.088	2.40	1.076	7.68	0.000
义务工作		4.22	0.962	3.46	1.124	14.04	0.000
额外工作		3.70	1.144	3.09	1.213	10.84	0.000
整体		3.67	0.935	3.05	1.074	12.92	0.000

第三节 职业认同危机的影响因素和影响效果研究

第二节侧重介绍了新闻从业者的职业认同危机表现，而本节则主要探讨新闻从业者职业认同危机的影响因素，以及职业认同危机的影响效果，即如何影响新闻从业者的职业情感和职业行为表现。

一、职业认同危机的影响因素研究

为了进一步考察新闻从业者职业认同危机的影响因素，本研究以职业认知认同危机、职业情感认同危机、职业行为认同危机为因变量，以新闻教育、工作环境因素（工作时长、工作满意度等）、职业认同危机类型（社会功能危机、行为规范危机等）为自变量，以人口统计学变量（性别、年龄、工作区域、工资薪酬、合同编制等）为控制变量，进行多元回归模型拟合。其中在因变量的处理方面，对职业认知认同危机的测量，由于考察的是"理想"与"现实""应然"与"实然"之间的差异，存在"现实""实然"状况完全符合甚至更好地符合"理想""应然"状况，故当"理想"或"应然"数值大于或等于3时，采用"理想"或"应然"数值减去"现实"或"实然"数值获取综合值，当"理想"或"应然"数值小于3时，采用"现实"或"实然"数值减去"理想"或"应然"数值获取综合值；在职业情感认同、职业行为认同危机方面，由于比较的是"我"与"他们"之间的差异，故采用两者数值相减的方式获得综合值。

结果（见表36）显示，在职业认知认同危机领域，人口属性和工作环境因素是影响该群体认同的主要因素，对应的调整 R 方分别为0.211 和 0.065，而新闻教育因素的影响则十分有限。具体表现为：在人口属性方面，相比男性群体，女性群体的职业认知认同危机更大；年龄越大，越容易产生职业认知认同危机；相比华北地区，华南地区的新闻从业者更容易产生职业认知认同危机，即认为新闻职业存在较大的"理想"与"现实"差异。在工作环境方面，工作满意度对职业认知认同危机具有显著性影响。

在职业情感认同危机领域，工作环境和危机类型是主要影响因素，对应的调整 R 方分别为 0.208 和 0.149，人口属性则具有一定的影响，对应的调整 R 方为 0.111，而新闻教育因素则影响非常有限。具体表现为：在人口属性方面，相比男性群体，女性群体的职业情感认同危机更大；相比劳动合同制，事业编制的新闻从业者的职业情感认同危机更小，即认为"我"与"他们"之间的职业情感认同差异较小。在新闻教育方面，受新闻教育年限越长，越有助于降低职业情感认同危机；在工作环境方面，工作时长越长，越有助于降低职业情感认同危机。在职业认知认同危机方面，行为规范危机和职业需要危机则会增加职业情感认同危机，而其他类型危机则无显著性影响。

在职业行为认同危机领域，危机类型是主要影响因素，对应的调整 R 方为 0.362，人口属性和工作环境因素则会产生一定影响，而新闻教育因素影响非常有限。具体表现为：在人口属性方面，相比男性群体，女性群体的职业行为认同危机更大；年龄越大，越容易产生职业行为认同危机；在新闻教育方面，受新闻教育年限越长，有助于降低行为认同危机；在工作环境方面，工作满意度对职业行为认同危机具有显著性影响；在危机类型方面，社会功能危机、专业技能危机、职业需要危机和职业情感危机均会增加职业行为认同危机，导致"我"与"他们"之间的职业行为认同差异较大。

表36　预测职业认同危机的多元性回归模型（N=319）

	模型 1：职业认知认同危机		模型 2：职业情感认同危机		模型 3：职业行为认同危机	
	Beta 值	Sig.	Beta 值	Sig.	Beta 值	Sig.
第一层：人口属性						
性别（0 = 男性）	0.118*	0.058	0.194**	0.029	0.123*	0.094
年龄	0.008*	0.047	0.001	0.831	0.009*	0.042

续表

	模型1：职业认知认同危机		模型2：职业情感认同危机		模型3：职业行为认同危机	
	Beta 值	Sig.	Beta 值	Sig.	Beta 值	Sig.
调整的 R^2	0.211		0.111		0.200	
第二层：新闻教育						
受新闻教育时长	0.004	0.851	− 0.100 ***	0.001	− 0.053 *	0.044
调整的 R^2	0.208		0.111		0.197	
第三层：工作环境						
工作时长	− 0.005	0.789	− 0.073 **	0.010	0.017	0.466
工作满意度	− 0.128 ***	0.000	0.058	0.536	− 0.066 *	0.099
调整的 R^2	0.273		0.319		0.291	
第四层：危机类型						
社会功能认知危机			− 0.019	0.753	0.310 ***	0.000
行为规范认知危机			0.209 **	0.000	0.076	0.106
专业素养认知危机			− 0.022	0.691	0.008	0.867
专业技能认知危机			0.056	0.213	0.080 **	0.032
职业需要认知危机			0.097 *	0.081	0.136 ***	0.003
职业情感认同危机					0.101 **	0.018
调整的 R^2			0.468		0.653	
F	4.621		8.164		15.984	
Sig.	0.000		0.000		0.000	

注：＊、＊＊、＊＊＊表示自变量对因变量不产生显著性影响的可能性分别不超过10%、5%和1%。

二、职业认同危机的影响效果研究

为了进一步考察新闻从业者职业认同危机对其职业认知认同、情感认同、行为认同等方面的影响，本研究以职业认知认同、职业情感认同、职业行为认同为因变量，以新闻教育、实习环境因素（实习媒体类别、媒体级别、岗位类别等）、职业认同危机类型（社会功能危机、行为规范危机等）为自变量，以人口统计学变量（性别、年龄、工作区域、工资薪酬、合同编制等）为控制变量，进行多元回归模型拟合。其中在因变量的处理方面，对职业认知认同方面的测量采用新闻专业主义范式对应的数值减去非新闻专业主义范式对应的数值，进而求得算数平均数；对职业情感认同和职业行为认同的测量，分别将属于职业情感认同和职业行为认同的四个和三个因子对应的数值，以各因子对应的方差贡献率为权重计算出相应的综合值。

根据结果（见表37），在职业认知认同领域，人口属性、新闻教育和工作环境均是重要影响因素，对应的调整 R 方分别为 0.128、0.090和 0.114，具体表现为：在人口属性方面，年龄越大，职业认知认同水平越高；相比华北地区，西北、东北地区的新闻从业者职业认知认同水平更低。在新闻教育方面，受新闻教育时长对职业认知认同具有正向促进作用。在工作环境方面，工作满意度对于从业者的职业认知认同同样具有正向促进作用，即新闻从业者的工作满意度越高，职业认知认同水平越高。

在职业情感认同领域，人口属性和工作环境因素是主要的影响因素，对应的调整 R 方分别为 0.145 和 0.097，新闻教育因素具有一定影响，对应的调整 R 方为 0.034，而职业认同危机类型因素则影响有限，具体表现为：在人口属性方面，年龄、工资薪酬对职业情感认同具有正向促进作用；相比事业编制，劳动合同制的从业者职业情感认同水平更

低。在新闻教育方面，受新闻教育时长对职业情感认同水平并无显著性
影响。在工作环境方面，工作满意度对于提升从业者的职业情感认同具
有显著的正向促进作用。在职业认同危机类型方面，职业需要危机
（即新闻职业能满足新闻从业者职业需求的"理想"与"现实"之间的
差异）对于职业情感认同具有显著的负面影响效应。

在职业行为认同领域，人口属性和工作环境因素是主要的影响因
素，对应的调整 R 方分别为 0.187 和 0.172，同样地，职业认同危机类
型和新闻教育因素也具有一定的影响，对应的调整 R 方分别为 0.070 和
0.047，具体表现为：在人口属性方面，相比男性群体，女性群体拥有
更低的职业行为认同；相比华北地区，西北、东北地区的新闻从业者具
有较低的职业行为认同；相比事业编制，劳动合同制的从业者职业行为
认同水平更低。在新闻教育方面，受新闻教育时长对从业者的职业行为
认同具有显著的正向促进作用。在工作环境方面，工作满意度对从业者
的职业行为认同同样具有显著的正向促进作用。在职业认同危机类型方
面，行为规范认知危机、专业素养认知危机、职业需要危机和职业情感
认同危机的降低对提高职业行为认同具有显著作用，即新闻从业者在行
为规范认知、专业素养认知、职业需要满足和职业情感认同等方面所出
现的冲突和矛盾越小，则有助于提升该群体的职业行为认同水平。

表37　预测职业认同的多元性回归模型（N = 319）

	模型1：职业认知认同		模型2：职业情感认同		模型3：职业行为认同	
	Beta 值	Sig.	Beta 值	Sig.	Beta 值	Sig.
第一层：人口属性						
性别（0 = 男性）	0.002	0.976	0.073	0.508	− 0.257 **	0.010
年龄	0.014 ***	0.001	0.016 **	0.015	0.013 **	0.035
调整的 R²	0.128		0.145		0.187	

续表

	模型1：职业认知认同		模型2：职业情感认同		模型3：职业行为认同	
	Beta 值	Sig.	Beta 值	Sig.	Beta 值	Sig.
第二层：新闻教育						
受新闻教育时长	0.229 ***	0.000	-0.086 **	0.027	0.204 ***	0.001
调整的 R^2	0.218		0.179		0.234	
第三层：工作环境						
工作时长	0.029	0.183	0.055	0.120	0.035	0.266
工作满意度	0.132 ***	0.000	0.291 ***	0.000	0.309 ***	0.000
调整的 R^2	0.332		0.347		0.406	
第四层：危机类型						
社会功能认知危机			0.013	0.865	0.087	0.191
行为规范认知危机			0.070	0.316	-0.197 ***	0.002
专业素养认知危机			0.098	0.157	-0.129 **	0.038
专业技能认知危机			0.088	0.204	-0.018	0.721
职业需要认知危机			-0.139 **	0.013	-0.209 ***	0.001
职业情感认同危机					-0.287 ***	0.000
调整的 R^2			0.353		0.476	
F	5.800		5.441		8.104	
Sig.	0.000		0.000		0.000	

注：* 、* * 、* * * 表示自变量对因变量不产生显著性影响的可能性分别不超过10% 、5%和1% 。

三、结论与讨论

本研究通过对新闻从业者职业认同危机及其产生原因的考察，主要发现有：

第一，新闻从业者对职业志向认知呈现一定的中西融合性。新闻从业者群体对具体理想媒体和媒体功能的认知，体现了其对中西方媒体新闻生产范式具有较为全面的判断，并不是简单认为西方媒体较少承担宣传角色，而是倾向于认为专业范式和宣传范式融合并存于境内境外媒体。譬如，在理想媒体选择方面，宣传色彩较重的美国 CNN 得分明显低于境内媒体《南方周末》；在媒体功能认知方面，"新闻宣传功能"仍具有较高的认可度得分。

第二，新闻从业者自我能力感知良好，但对职业角色感知、职业归属感则相对匮乏。新闻从业者群体的职业认同整体处于中等偏上的水平，并未处于非常乐观的状况。具体而言，新闻从业者对自我能力具有较高的认可度，认为个人有足够能力处理好新闻工作职责范围内的任务，同时也较为认可新闻职业的社会价值，但关于新闻职业对从业者个人的价值存在疑虑，并缺乏职业归属感。在职业社会地位的感知方面，新闻从业者普遍感知到媒体经营人员和媒体采编人员的职业社会地位低于大学教师、医生等职业，以及认为媒体采编人员低于媒体经营人员；并且年龄越小的新闻从业者，越倾向于对媒体从业者的社会地位做出较低评价。这在某种程度上说明了当前新闻从业者在未来职业选择中从事新闻职业并非是出于对该职业的喜爱和认同，而更多的是一种"无奈之举"。究其原因，新闻从业者在实践工作过程中感受到的职业自豪感或职业尊重不足，工作成就感与职业期待存在落差。随着互联网技术的产生和社交媒体的崛起，传统的新闻产业正逐渐消解，新闻职业也在不断重新定义，在此背景下，新闻职业认同正面临着巨大危机：第一，低廉的薪资水平已严重影响了从业者的职业满意度，根据陈颂清等人2012－2013 年的调查结果，当前新闻行业的整体收入水平已经从 1990

年代的"高级白领"滑落为目前的"低端白领";① 第二,职业地位和编辑权的丧失引发从业者对职业价值和意义的怀疑与困惑,新闻职业正从早期的"无冕之王"下滑为"新闻民工",新闻的公共性逐渐让位于商业性,把关人的权力让渡给了受众,哗众取宠已成为手段甚至是目标。② 对应到新闻从业者群体,尽管当前多数新闻从业者充分认可新闻职业对于社会的价值,但是相当一部分从业者并不认为从事传媒职业有助于实现自我人生价值,对于可能成为媒体从业者的自豪感也不足,显示出实习生所面对的职业现实与其职业理想之间的落差。同样地,大量新闻从业者具有一定的离职倾向,本次调查数据显示仅有35.1%的新闻从业者表示"未来几年我愿意继续从事传媒行业",并且年龄越小的新闻从业者越倾向于离开传媒行业(Beta = 0.021,Sig. = 0.008 < 0.05)。

第三,目前新闻从业者的职业认同水平相对偏高,对新闻职业具有一定的认知认同、情感认同和行为认同;但与此同时,却存在着明显的职业认同危机,具体表现为:在职业认知认同层面,存在自我角色期待的"理想"与"现实"的断裂和职业需求的"应然"与"实然"的冲突矛盾;在职业情感认同和职业行为认同层面,则存在较大的"我"与"他们"之间的差异危机。造成这方面的原因主要为:在职业认知认同层面,从社会功能、行为规范、专业素养和专业技能方面均呈现出"理想"与"现实"的差异;在职业需求层面,新闻职业均并未很好地满足新闻从业者的"生理和安全需要""情感和自尊需要"和"自我实现需要",其中"生理和安全需要"尤其得不到满足。而在职业情感和职业行为认同层面,更多的是"第三人效果"的呈现,认为自身对新

① 陈颂清、夏俊、柳成荫:《全国新闻从业人员现状分析——以"60 后""70 后""80 后"的代际比较为视角》,《新闻大学》2014 年第 4 期,第 1 - 10 页。

② 彭增军:《权力的丧失:社交媒体时代新闻人的职业危机》,《新闻记者》2017 年第 9 期,第 65 - 69 页。

闻职业的喜爱度、归属感、行为意愿等要高于周围其他人，但通过相关性我们发现，周围其他人的职业情感和职业行为表现，是能够显著影响该群体的职业情感认同和职业行为认同表现（$r = 0.543$，Sig. $= 0.000$；$r = 0.479$，Sig. $= 0.000$），说明这种表现更多的是心理作用，而非实际表现。

第四，对应到新闻从业者的职业认知认同危机、情感认同危机和行为认同危机的形成原因方面，其中在职业认知认同危机方面，人口属性是其主要影响因素，女性群体相比男性群体具有更高的职业认知认同危机；而在工作环境方面，工作满意度对职业认知认同危机具有显著性影响。这说明女性群体在新闻职业实践过程中感受的"理想"与"现实"冲突更大，并且工作满意度的提升对于减少新闻从业者职业认知认同危机具有积极作用。在职业情感认同危机和职业行为认同危机的影响因素方面，职业危机类型对其均具有显著性影响。其中对职业情感认同危机来说，行为规范危机、专业素养危机和职业需要危机则会增加职业情感认同危机，而社会功能危机则会减少职业情感认同危机。而对于职业行为认同危机来说，社会功能危机、职业需要危机和职业情感危机均会增加职业行为认同危机。该结论的得出，进一步说明了新闻从业者的职业认同危机内部存在着层层递进的影响关系，即职业认知认同危机会进一步影响职业情感认同危机和职业行为认同危机，而职业情感危机也会进一步影响职业行为认同危机。

当然，本研究也存在着一定的不足。首先，在研究样本的抽样方面，选择了滚雪球抽样的方法，使得每名新闻从业者被抽取的概率并非相等，进而导致研究结论能否推广到新闻从业者群体还有待考证。其次，本研究侧重考察了新闻从业者的职业认同危机表现及其产生原因，对了解新闻从业者职业认同建构过程具有一定的创新意义，但该研究对于个体职业认同建构背后的心理变化机制以及其意义的阐释部分仍显不够，需要定性研究进行相应的补充。

第五章

质化研究方法与职业认知认同危机的
三个研究面向

本章摘要：受深度访谈方法自身局限性和被访者态度的影响，深度访谈资料较多集中在职业认知认同危机层面，有关职业情感和职业行为认同危机的资料相对较少，因此，质化部分将聚焦于新闻职业认知认同危机领域。第三、四章的量化研究表明，不论是新闻院系在校大学生还是新闻从业者，在对新闻职业的社会功能、专业素养、专业技能、行为规范和职业需求等的认知上，均存在"理想"与"现实""应然"与"实然"的差异，即存在新闻职业认知认同危机。在量化研究的基础上，质化研究深入被访者的个体经验，试图展现更加丰富细腻的职业认知认同危机图景。经过开放式编码、主轴编码和选择性编码三个阶段，危机可分为三个面向：价值认知认同危机、专业认知认同危机和角色认知认同危机，这三个面向互相纠缠，共同形塑当下从业者的职业认知认同危机。

中国互联网络信息中心（CNNIC）发布的《第 40 次中国互联网络发展状况统计报告》显示，截至 2017 年 6 月，中国网民规模达到 7.51

亿。互联网普及率为54.3%，较2016年底提升1.1%。① 互联网作为人类社会的技术基底正改变着传媒业的生态图景，快速增殖的新媒体平台不仅吸引着用户的注意力，而且还改变了用户接触媒体的习惯与偏好。大众媒体突然发现所熟知的那群忠诚的、满足于被动接受的阅听人已不见了，取而代之的是一群在各类网络平台中随意切换、热衷于众声喧哗的网络用户。"忆往昔峥嵘岁月稠"，看今朝用户模样变。面对这个既"最好"又"最坏"的时代，媒体一次次将知名编辑记者跳离新闻媒体的行为置于聚光灯下，并常以离职者往昔在新闻行业中的辉煌业绩为背景反衬出现今黯然退场的落寞。这样的叙事方式在引起围观者转发唏嘘的同时，更是触发无数同行"拔剑四顾心茫然"的悲壮情绪。

在中国新闻出版研究院对全国144家传统媒体两万多名新闻采编人员的调查中发现，在所调查的传统媒体单位中，2012—2016年间采编人员离职人数为1934人，且很少是单位辞退的，基本为主动辞职。其中，工作3年以下人员不稳定，离职人员较多，占总离职人数的37.1%左右。一个严重的问题是，在近5年的所有离职人员中，工作5年以上的采编人员有1200多人，甚至有工作15年以上的采编人员也离职，这些人员基本为媒体的中坚或骨干力量②。这些释放出新闻从业者面临职业认同危机的信号。

"新闻职业认同"指"新闻从业者将自己定义为新闻记者群体的成员并且将该群体的典型特征赋予自身的心理表现和过程，是个体关于新闻职业的认知、情感、动机、期望、意志、价值观、满意度、忠诚度等

① 中国互联网络信息中心：《第40次中国互联网络发展状况统计报告》，中国网信网2017年8月4日，检索于http：//www.cac.gov.cn/2017 – 08/04/c_ 1121427728. htm.

② 中国新闻出版研究院课题组：《我国新闻采编队伍现状调查报告》，《传媒》2017年第23期。

方面所形成的'认可''承认''接受'的基本判断",[①] 包含职业认知认同、职业情感认同和职业行为认同三个层面。其中，职业认知认同指从业者对新闻职业的社会功能、行为规范、评判标准、专业技能以及职业满足个人需求程度的认知认同；职业情感认同指从业者对新闻职业的"喜爱度""自豪感""归属感"和"忠诚度"；职业行为认同指从业者完成新闻职业工作内基本职责和任务的意愿和实际行为。

在职业认同危机领域，这三个层面也相应地表现为职业认知认同危机、职业情感认同危机和职业行为认同危机。但是，受深度访谈方法局限性和被访者态度的影响，质化资料以新闻职业认知认同危机为主，有关新闻职业情感和行为认同危机的资料较少。

深度访谈是面对面的互动，且研究者与被访者基本是初次见面，在这种情况下，人们通常会减少话语行为中的线索数量，从而造成访谈中自我展示的内容空泛与形式化[②]，尤其在面对是否能完成工作任务、工作积极性如何、与同事相比自己的工作水平是否出色等职业行为方面的敏感话题时，被访者常选择回避。同时，在采访过程中，多数被访者也不愿详谈自己与同事在情感认同方面的危机，因此，有关情感认同和行为认同危机的深访材料较少。

鉴于此，质化部分将聚焦于新闻职业认知认同危机，即侧重考察新闻从业者对新闻职业的价值、规范、技能、标准、功能等的认知中，所存在的"理想"与"现实""应然"与"实然"之间的矛盾和冲突。通过编码分析，新闻职业认知认同危机的表现可分为三个面向：价值认知认同危机、专业认知认同危机和角色认知认同危机。在对这三个面向的危机展开论述之前，本章先介绍所采用的质化研究方法和所得数据的

---

① 樊亚平、王小平：《"爱报之心甚于生命"——史量才职业认同探析》，《兰州大学学报（社会科学版）》2010 年第 5 期，第 22 – 27 页。

② 郭羽：《线上自我展示与社会资本：基于社会认知理论的社交媒体使用行为研究》，《新闻大学》2016 年第 4 期，第 67 – 74 页。

编码分析过程。

第一节　质化研究方法

本研究采用目的抽样抽取被访对象，采用半结构化深度访谈方法获取资料，并通过 QSR Nvivo11（以下简称 N11）软件，基于扎根理论（grounded theory）自下而上建构理论框架。扎根理论是质化研究方法之一，通过对质化资料的设计、编排、分析、比较及归纳等方式，反映社会现象。深度访谈是采集经验性数据、获取质化资料的方法，是应用扎根理论进行数据分析的基础，N11 软件是编排、归纳和分析经验性数据的工具。

一、扎根理论

扎根理论是在经验资料的基础上自下而上建构实质理论的研究方法，一般没有理论假设，从原始资料中归纳出概念和命题，最后上升到理论框架，是对自上而下量化研究方法的很好的补充。[①]

本研究采用扎根理论作为方法论基础，并使用 N11 作为资料分析工具。N11 可导入多种类型的资料，如图像、视频、访谈录音、中文文本等，通过编码技术将非结构化文本信息进行编码、概念化及理论化处理，可以简化研究流程，提高科研效率。N11 提供两种编码思路，第一种是"由粗到细"，通过文本搜索等功能先粗略将材料组织成宽泛的主

---

① Glaser B. G. , "The discovery of grounded theory : strategies for qualitative research / barner g. glaser and anselm l. strauss," *Nursing Research*, Vol. 3, No. 6, 1980, pp. 377 – 380.

题，再对每个主题做深入挖掘，进行更细致的编码。第二种思路是"从细处着手"，直接进行细致的编码，根据需要创建节点，之后再合并节点并将其分组，形成相关的类别。由于访谈文本中，每个人对同一观点的表述有差异，若采用第一种编码思路，可能因搜索关键词的限制而遗漏一些差异化的表达，因此本研究采用第二种编码思路。

采用扎根理论进行探索性分析时，一般通过开放式编码、主轴编码和选择性编码三个程序。[①] 在正式分析前，研究者先通读访谈资料2—3遍，对资料内容形成大致的印象。第一阶段的开放式编码需对任何可以编码的句子或片段进行抽象，给予概念化标签。在最开始的编码阶段，研究者从资料中抽象出上百个标签，这些标签数量繁杂，且有重复。为使研究问题更聚焦，研究者将重复的标签进行合并，并将层次较低的概念进一步处理和提炼形成范畴，标记为自由节点。例如，经编码后出现的层次较低的两个概念——"受众流失"和"传播渠道增多"，研究者将其提炼成一个范畴："影响力下降"，并标记为自由节点，本研究由此形成90个自由节点。

第二阶段主轴编码的目的是分类、综合和组织大量数据，在开放式编码之后以新的方式重新排列它们。在这个过程中，具有相同属性的自由节点被归入同一类别，以一定的概念命名，就是将自由节点遵循一定的关系归纳为树节点。例如将"影响力下降""上升受限""社会不认同""无力解决问题"四个自由节点归类为"精神价值认知认同危机"树节点。

最后，在主轴编码的基础上进行选择性编码，选择性编码是指在所有已发现的概念类属中经过系统分析以后归纳出"核心范畴"，将分析

---

① Corbin J. M. & Strauss A. L., Basics of qualitative research: *techniques and procedures for developing grounded theory*, Thousand Oaks Ca Sage Tashakkori A & Teddlie C, 1998, pp. 129.

集中到那些与核心范畴相关的节点上面。例如，经归纳总结，新闻职业认同危机包括"价值认知认同危机""专业认知认同危机"和"角色认知认同危机"三个面向的核心范畴。

本研究采用理论饱和度原则来验证样本信度，编码到第18名访谈对象时，没有出现新的编码内容，继续编码3名访谈对象的文本，没有出现新的主题，表明数据达到理论饱和。[①] 同时，为确保编码一致性，研究者对访谈资料的编码进行了三次复核，并不断参考原始材料，找出最贴近主题的节点。因此，本研究具有一定的可信性和有效性。

二、深度访谈法

本研究所指的"新闻从业者"，泛指从事新闻生产（新闻采集、制作、编辑）的人，既包括采访报道者，也包括编辑人员。

本研究采用面对面的半结构化深度访谈作为数据收集方法。在选取被访者时，采用非随机抽样中的目的抽样方法，即根据研究的问题和目的抽取那些能够提供最大信息量的样本。为获取最大信息量，被访者涵盖报纸、广电以及从传统媒体离职去了互联网的新闻从业者，其中报纸从业者8位（其中6位来自党报，2位来自都市报），广电从业者7位，转型到互联网、公关行业或本就在互联网行业任职的从业者6位，分别占比38%、33%和29%。上述被访者分布在华中（7人，占比33%）、华南（6人，占比29%）、华北（8人，占比38%）；其中，男10人，占比47.6%，女11人，占比52.4%；专科学历2人，占比9.5%，本科学历9人，占比42.9%，硕士学历10人，占比47.6%。20~29岁3

---

① Francis J. J. , Johnston M. , Robertson C. et. al. , "What is an adequate sample size? operationalising data saturation for theory – based interview studies," *Psychology & Health*, Vol. 25, No. 10, 2010, pp. 1229 – 45.

人，占比14.3%，30~39岁13人，占比61.9%，40~49岁3人，占比14.3%，50岁及以上2人，占比9.5%；最高学历专业为新闻传播学的共12人，占比57.1%，文学3人，占比14.3%，经济学2人，占比9.5%，其他专业4人，占比19.1%。该结构比例与现有新闻从业者调查报告所列数据较为吻合。

中国新闻出版研究院课题组的调查报告显示，在新闻采编人员的整体年龄结构方面，25岁以下采编人员占比6.01%，25~35岁之间的采编人员占比51.39%，36~45岁之间的采编人员的比例为28.12%，45岁以上采编人员的比例为14.23%。学历结构中，87.81%的采编人员均为大学本科以上学历，其中，有10%左右拥有硕士或博士学位。[①]

同时，在报纸领域，张志安等人的调查结果显示，男性和女性新闻从业者的比例为48.5%和51.5%，女性略高于男性，男女比例基本持平。新闻从业者平均年龄32岁，40岁以下从业者占了89%，另外，83.3%拥有大专或本科学历，拥有硕士和博士学历的占15.4%。[②] 在广播电视领域，丁迈等人的调查报告显示，男性和女性从业者的比例为49.1%和50.9%，40岁以下从业者占了82%，近八成（76.8%）受教育程度为本科学历，硕士学历及以上占16.9%。[③] 在网络新闻从业者方面，周葆华、查建琨2016年的调查显示，男性和女性的比例为42.9%和57.1%，网络新闻从业者平均年龄为28.3岁，95%拥有本科及以上

---

① 中国新闻出版研究院课题组：《我国新闻采编队伍现状调查报告》，《传媒》2017年第23期。

② 张志安、张京京、林功成：《新媒体环境下中国新闻从业者调查》，《当代传播》2014年第3期，第4-8页。

③ 丁迈、缑赫、董光宇：《全国广播电视新闻从业者调查报告（二）——我国广电新闻从业者的群体构成》，中国传媒大学国家传播创新研究中心2016年，检索于：http://rirt.cuc.edu.cn/? topic = note&arg2 = 7140。

学历，27.9%拥有硕士及以上学历。①

由以上数据可以看出，在性别上，新闻从业者中女性所占比例略高于男性。在年龄上，新闻从业者的年轻化趋势明显，报纸和广电领域40岁以下从业者占了八至九成，25～40岁的从业者是新闻行业的中坚力量。在学历上，八成及以上的从业者拥有本科及以上的学历。本研究中，男女所占比例分别为47.6%和52.4%，女性略高于男性。40岁以下新闻从业者16人，占比76.2%，且本科及以上学历的被访者占了90.5%。因此，在性别、年龄和学历上，本研究被访者的结构比例与现有调查报告数据较为吻合，所选取的被访者具有一定的代表性。值得注意的是，本研究中硕士学历占比47.6%，远远高于调查报告中硕士及以上从业者所占的比例，这可能会导致研究结果有一定程度的偏差。

按访谈知情同意书的协议，研究者对21名访谈对象进行匿名处理，用A01～A21代替。其中，A02汤先生曾在报社任职，而后转到电视台，A08刘先生在报社任职的同时，也运营自己的微信公众号，A11张女士从公关行业跳槽，转而经营自媒体。A13黄先生、A14刘先生和A17阙先生都曾在政府部门任职，而后转到报社。A18刘女士由电视台跳槽进入互联网公司，A19张女士和A21刘先生都是报社出身，也转行做了互联网。A20范女士则由报社转行到外企任公关宣传工作。

具体访谈对象的情况见表38。

---

① 周葆华、查建琨：《网络新闻从业者生存状况调查报告》，《新闻与写作》2017年第3期，第17－23页。

表38　质化研究深度访谈对象基本资料

序号	受访者	任职单位类型	年龄	学历	最高学历专业
A01	贺女士	华中某电视台	30	本科	设计
A02	汤先生	报社/华中某电视台	41	本科	经济学
A03	谢女士	华中某电视台	22	本科	广播电视学
A04	徐先生	华中某电视台	54	本科	自动控制
A05	张女士	华中某电视台	37	本科	新闻传播学
A06	谭女士	华中某电视台	32	硕士	文学
A07	黄女士	华北某通讯社	30 +	本科	经济学
A08	刘先生	华南某报社	40 +	硕士	文学
A09	鲁先生	华南某报社	30	硕士	新闻学
A10	李先生	华南某报社	30	硕士	新闻学
A11	张女士	公关/某自媒体	25	本科	新闻学
A12	戴女士	华北某报社	30	硕士	新闻传播学
A13	黄先生	某行业报	40 +	本科	审计学
A14	刘先生	华南某报社	57	专科	文学
A15	高先生	华北某电视台	34	硕士	新闻学
A16	姬女士	某网站	24	硕士	广播电视学
A17	阙先生	华南某报社	36	专科	法律
A18	刘女士	华北某电视台/某网站	37	硕士	新闻学
A19	张女士	某报社/某网站	31	本科	新闻学
A20	范女士	华北某报社/公关	30	硕士	新闻学
A21	刘先生	某报社/某网站	32	硕士	传媒营销管理

　　访谈样本数量为21人，达到了对特定主题进行研究的充分样本，因此访谈结果具有一定的可靠性。[①] 在征得访谈者同意的情况下，研究

---

① Guest G. ，Bunce A. & Johnson L. ，"How many interviews are enough an experiment with data saturation and variability，" *Field Methods*，Vol. 18，No. 18，2006，pp. 59 – 82.

者对访谈过程全程录音，每次访谈时间约为 40~90 分钟。访谈结束后对录音进行人工逐字、逐句翻录，将录音转化为 Word 文档，共形成约 14 万字的访谈资料。访谈主要围绕以下几个问题展开，在实际访谈过程中，研究者依据实际情况，对访谈问题做弹性处理，不局限于以下列出的问题：

1. 工作前，理想中的新闻职业是什么样的？
2. 工作一段时间后，对新闻职业的感受如何？
3. 将来会放弃新闻职业吗？
4. 在职业生涯中遇到什么困难或挑战？
5. 新闻职业现在的社会地位如何？
6. 互联网等新兴媒体对新闻职业有什么影响？

三、质化研究部分的不足

质化研究部分虽然很好地丰满了新闻职业认知认同危机的研究发现，但是受深度访谈方法自身所限，该部分未能同时丰满新闻职业情感认同危机和行为认同危机两个维度，不能不说是一个缺憾。此外，被访者主要来自传媒较为发达的一二线城市，受过良好的新闻专业教育。而对于三四线城市的新闻从业者，其所感受到的技术冲击或许并不明显，因此他们面临的职业认同危机或许会呈现不同的面貌。后续研究一方面可以采用更精巧的访谈结构、更多元的方法丰富新闻职业情感认同危机和行为认同危机维度的研究发现；另一方面可以调研三四线城市的新闻从业者，并将其与一二线城市的新闻从业者进行对比。

第二节　数据编码

基于扎根理论，研究者使用 N11 软件对 14 万字的深访材料进行编码，以厘清新闻职业认知认同危机的表现，主要经过开放式编码、主轴编码和选择性编码三个阶段。

在开放式编码阶段，研究者通过对资料的反复考查，从中抽象出近百个相关的自由节点，这些节点数量繁杂，且有重复。为使研究问题更聚焦，研究者进行自由节点的合并，剔除出现频次很少（小于 2 次）的节点，最终形成有关新闻职业认知认同危机表现的开放式编码表（见表 39），共有 18 个自由节点。

表 39　新闻职业认知认同危机表现开放式编码表

开放式编码 （自由节点）	初始语句
影响力下降	A02：当时（主要指 20 世纪 90 年代和 21 世纪的头十年）很多人遇到麻烦会求助记者，现在少了；A10：以前大报采访名人专家很容易，但这些年渠道增多，去采访反而是一种求人的感觉，不管有没有社会地位的被访者都要求看稿。
上升受限	A18：制片人才是科级干部，记者、编导这些称号是没有级别的，所以觉得再干还是这样。我到四五十岁就无路可走了，我年纪大跑不动，必须给自己找后路；A19：做记者没有向上的趋势，并不是越资深越好，职业发展受限。
社会不认同	A04：2000 年左右，有人闹事的时候记者报出去，被认为是充老大，这样把社会印象搞差了；A20：有些精神病患者冲进幼儿园杀孩子，人们却觉得是记者的报道把这些人引来的。
无力解决问题	A20：很多事情得不到圆满解决，无法推动社会的进步。
待遇偏低	A10：不增就是减，经济在发展，但收入没有增加，刚开始和他人对比的时候，肯定会有一些冲击。

续表

开放式编码 （自由节点）	初始语句
压力大	A01：接到线索时随时出击，晚班可能要到凌晨一两点。
待遇不公	A04：有些人既当了官，有了权，还要在经济收入上比其他干活多的人拿得多，别人心理就会失衡。
影响健康	A05：很多人离职的原因是身体吃不消了，因为这个行业太累了。
复制而非创造	A13：很多新闻改改就出来了，不用风里来雨里去；A21：现在写新闻先上百度，看前辈的文章，把别人的东西整合成自己的文章。
不确定性	A20：一线的变数太大，哪怕做了五六年记者，但去采访新事物，还是有很多不一样的地方。
缺乏全媒体技能	A18：媒体人以前都在生产内容，现在要掌握新技术，要会弄公众号，会用很多软件。
事实核查困难	A07：对新闻真实性本身构成信息过度良莠不齐的情况，到底是不是完全符合事实，我们要多方侦辨。
违背职业道德	A13：比如报道矿难的时候，"有偿新闻、有偿不闻、新闻欺诈"的现象时有发生。
主观评判	A05：这是主观意识很强的一个行业，对于一个作品，不同的人有不同的评判标准，怎么办呢？
工作家庭冲突	A06：我爸妈知道我在这里工作压力大，说实话生活基本上无法自理，他们为了我就把家搬到这边来和我一起生活，就是两个人专程照顾我。
理想角色与宣传者的冲突	A11：《南方周末》曾经是一个理想的状态。
理想角色与盈利者的冲突	A01：理想中（新闻职业）就是做对大家有用的，又有收视率的新闻。但是这个很难兼顾。
理想角色与记者细分的冲突	A02：原来各方面什么报道都做，记者就感觉自己对各方面问题都有推进，细分后就觉得自己是整个行业里的一个螺丝钉，没有太强的自我存在感。

在开放式编码的基础上，研究者进行主轴编码，寻找建立类属和亚类属之间的联系。通过分析，开放式编码中得到的自由节点基本可以归纳为7个树节点（见表40）。

表40　新闻职业认知认同危机表现主轴编码表

主轴编码 （树节点）	开放式编码 （自由节点）	对开放式编码的阐释
精神价值认知认同危机	影响力下降	随着内容、渠道的丰富，传统媒体影响力下降，广告、受众资源流失。
	上升受限	新闻职业没有向上的趋势，不是越资深越好，职业发展受限。
	社会不认同	社会其他群体对新闻从业者的不尊重、不认同。
	无力解决问题	新闻从业者希望通过新闻报道推动社会进步，但有时无法改善社会现状。
实用价值认知认同危机	待遇偏低	随着经济发展，与其他行业相比，新闻职业待遇相对较低。
	压力大	新闻从业者工作压力较大，随时待命，有突发状况随时报道。
	待遇不公	付出与回报不成正比，存在同工不同酬的现象。
	影响健康	新闻行业作息不规律、经常出差而对从业者身体健康状况造成影响。
专业技能受限	复制而非创造	新闻同质化，内容重复和复制现象日渐增多，创造性的新闻制作沦为"流水线式的重复"和"复制整合已有的新闻"。
	不确定性	新闻采访面对着多变的状况，即使是资深记者也要面对较大的不确定性。
	缺乏全媒体技能	在媒介融合和新技术冲击的背景下，新闻从业者需更新原有的知识体系，学习掌握新技能。
	事实核查困难	互联网信息繁杂，良莠不齐，存在大量不真实的信息内容，事实核查、真相挖掘困难。

主轴编码 （树节点）	开放式编码 （自由节点）	对开放式编码的阐释
违背行为 规范	违背职业道德	新闻行业存在违背职业道德的行为，如收受贿赂、有偿新闻等。
评判标准 不明	主观评判	新闻作品质量的评判标准较为主观，从业者的专业判断时而遭遇挑战。
角色间 冲突	工作家庭冲突	新闻从业者在不同的社会空间承担不同的角色，且不同角色无法兼顾时所引发的冲突。
角色内 冲突	理想角色与宣传者的冲突	"应然"中对新闻从业者参与者、观察者、监督者的角色期待与"实然"中成为宣传者的角色要求之间的冲突。
	理想角色与盈利者的冲突	"应然"中对新闻从业者参与者、观察者、监督者的角色期待与"实然"中成为营利者的角色要求之间的冲突。
	理想角色与记者细分的冲突	新闻从业者希望成为全才，在多个领域做报道，但在记者细分的现状下只能专注于某一领域。

王彦斌从个人与社会关系的角度，提出人的认同是由个体认同到社会认同所构成的连续统，中间存在由无数层次的社会结构单位形成的认同，这些社会结构单位包括家庭、组织、社会团体等，每个层次的认同都是互不可分的，而这些层次也具有无限的量纲，从个体自我拓展到越来越高层次的社会。[①]

依照"认同连续统"的理论框架，以上主轴编码得出的树节点可以以个体、群体和社会的维度进行分层：第一，个体内在道德框架和职业需求无法得到满足时形成的价值认知认同危机；第二，新闻"职业共同体"所共享的专业技能、行为规范遭遇挑战时造成的专业认知认

---

① 王彦斌：《管理中的组织认同——理论建构及对转型期中国国有企业的实证分析》，人民出版社 2004 年版，第 100 页。

同危机；第三，在社会结构变动中，不同结构要素对新闻职业的角色要求不同，之间的矛盾和冲突形成角色认知认同危机。这三个维度的职业认知认同危机不是相隔离的，而是互相纠缠、互相应和的。选择性编码结果如表41所示。

表41　新闻职业认知认同危机表现选择性编码表

选择性编码	主轴编码（树节点）	开放式编码（自由节点）	材料来源	参考点
价值认知认同危机	精神价值认知认同危机	影响力下降	17	69
		上升受限	10	26
		社会不认同	9	27
		无力解决问题	4	7
	实用价值认知认同危机	待遇偏低	12	32
		压力大	9	32
		待遇不公	7	19
		影响健康	4	5
专业认知认同危机	专业技能受限	复制而非创造	8	18
		不确定性	8	13
		缺乏全媒体技能	4	9
		事实核查困难	2	2
	违背行为规范	违背职业道德	4	9
	评判标准不明	主观评判	3	7
角色认知认同危机	角色间冲突	工作家庭冲突	6	10
	角色内冲突	理想角色与宣传者的冲突	19	84
		理想角色与营利者的冲突	9	32
		理想角色与记者细分的冲突	6	10

第三节 新闻职业认知认同危机的三个面向

根据以上编码分析过程，本文得出新闻职业认知认同危机的三个面向：价值认知认同危机、专业认知认同危机和角色认知认同危机。

本研究中，价值认知认同危机节点被提及 217 次。其中，"精神价值认知认同危机"节点被提及 129 次，是主轴编码中被提及次数最多的树节点。传统媒体影响力下滑，社会群体对新闻记者的不认同，以及从业者无法推动问题解决的无奈感，使得新闻职业无法帮助从业者更好地实现自身的职业理想和人生价值，从业者胸怀的"正义感"无处着落，产生了严重的无方向感，形成"精神价值认知认同危机"。另外，"实用价值认知认同危机"节点也被提及了 88 次。可见，待遇偏低、待遇不公、健康受损等问题，也在消解着从业者对新闻职业的认知认同状况。

专业认知认同危机节点被提及 58 次，根据新闻"专业"的相关定义，专业认知认同危机可分为"专业技能受限""违背行为规范"和"评判标准不明"三个层次。其中，"专业技能受限"节点被提及 42 次。"社会活动能力、采访能力和'笔杆子硬'的写作能力"曾是记者能力的核心，[①] 但是当下，这些能力或是重要性被削弱，或是无法胜任实践，形成从业者对新闻职业的认知认同危机。譬如，互联网技术使得复制整合已有信息变得方便而快捷，很多时候"不需要风里来雨里去地'采访、跑新闻'，新闻改改就出来了"（A13）。新闻记者曾经倚重的社会活动能力、采访能力似乎不再是不可或缺的专业技能。同时，随

---

① 张天元：《地市报记者能力的构成与提高》，《新闻大学》1995 年第 2 期，第 41－33 页。

着互联网、大数据等技术的出现，新闻的采集、制作、分发、消费等各个环节都被技术重塑，传统的知识结构难以胜任当下的实践需要，"媒体人以前都在生产内容，现在要掌握新技术，这个我也很痛苦"（A18）。另外，"违背行为规范"（节点被提及9次）和"评判标准不明"（节点被提及7次）也在形塑着从业者的专业认知认同危机。

角色认知认同危机分为两个层次——"角色间冲突"和"角色内冲突"，一共被提及136次。其中，"角色间冲突"节点被提及10次，新闻从业者在职场和家庭两个社会空间中承担着不同的角色，当角色之间无法调和时，便会产生"角色间冲突"。同时，"角色内冲突"节点被提及126次，指同一角色承担不同期望且各期望之间难以契合时所产生的冲突，其中被频繁提及的是理想角色与"宣传者""营利者"之间的矛盾。

综上所述，在新闻职业认知认同危机的三个面向中，被频繁提及的节点依次为：价值认知认同危机中的"精神价值认知认同危机"，角色认知认同危机中的"角色内冲突"，价值认知认同危机中的"实用价值认知认同危机"，以及专业认知认同危机中的"专业技能受限"。具体到相关的自由节点，新闻职业"影响力"的坠落、从业者"正义感"的无处着落、应然角色与实然角色的冲突、待遇偏低、专业技能无法发挥乃至无法胜任实践的种种无奈，成为当下新闻从业者职业认知认同危机的主要表现。

一、不同性别新闻从业者的职业认知认同危机对比分析

在厘清新闻职业认知认同危机的三个面向后，研究者试图探讨性别因素对新闻职业认知认同危机的影响。由于质化研究样本量小，因此此处所得的结论推广度较低，也无法达到统计学上的显著水平。但通过探索式的分析，可为理解新闻职业认知认同危机的性别差异提供一定

参考。

本研究运用 N11 软件，按男女性别进行分类，对提及开放式编码中各个自由节点的男、女性人数进行统计，如图 2 所示。

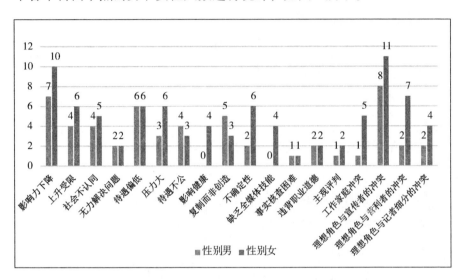

图2 不同性别新闻从业者职业认知认同危机对比分析

由图 2 可见，在"影响健康""不确定性""缺乏全媒体技能""工作家庭冲突"和"理想角色与营利者冲突"的自由节点上，女性的提及人数明显高于男性。

首先，女性更加担忧自身健康状况，这或是因为她们面临着怀孕生子的压力，而紧张的职业生活可能影响她们的生育能力。

其次，有研究认为，女性所面临的就业压力常常高于男性，她们在面临生涯选择和决策时的信心和效能感低于男性，[①] 这或许可以解释为何相较于男性，女性从业者更加强烈地感受到自身"全媒体技能"的缺乏。

① 赵小云、薛桂英：《大学生生涯适应力现状及其与生涯决策风格的关系》，《现代教育管理》，2010 年第 10 期，第 119 – 122 页。

同时，金家飞等人在有关工作时间与工作家庭冲突的性别差异的研究中发现，工作时间越长，女性比男性体验到的工作家庭冲突感越强烈，而这与中国传统的"男主外、女主内"思想有关，① 因此，提及"工作家庭冲突"的女性较多。

最后，相较于男性，女性更希望规避新闻职业中的"不确定性"，也更希望坚守自身的理想工作状态，因此面临着更多的"理想角色与营利者的冲突"。

二、不同行业新闻从业者的职业认知认同危机对比分析

同样，研究者试图通过探索式的分析，为理解新闻职业认知认同危机的行业差异提供一定参考。

本研究的 21 位被访者中，报纸从业者 8 位，广电从业者 7 位，从传统媒体转型到互联网行业或本就在互联网行业任职的从业者 6 位。为分析行业因素对新闻职业认知认同危机的影响，研究者按报纸、广电、互联网行业对被访者进行分类，并对提及开放式编码中各个自由节点的各行业人数进行统计，如图 3 所示。

由图 3 可见，不同行业的新闻从业者提及"待遇偏低""压力大""缺乏全媒体技能""工作家庭冲突"自由节点的人数差异较大。

报纸行业从业者对"待遇偏低"的感知最强烈，提及人数最多。相较之下，广电行业对"待遇偏低"的提及人数较少。相较于报纸行业，广电行业具有更高的技术门槛，所受新技术的冲击相对较小。② 当互联网技术来袭时，报纸等平面媒体首当其冲，媒体收益减少更加显

---

① 金家飞、刘崇瑞、李文勇等：《工作时间与工作家庭冲突：基于性别差异的研究》，《科研管理》，2014 年第 8 期，第 44－50 页。

② 李彪、赵睿：《传统媒体从业者职业转型意愿研究——以北京、广州两地新闻从业者调查为例》，《编辑之友》，2017 年第 6 期，第 35－40 页。

著，导致从业人员"待遇较低"或"待遇触顶"。

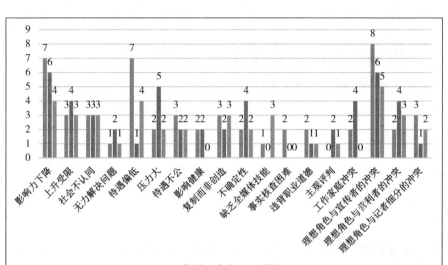

图3　不同行业新闻从业者职业认知认同危机对比分析

同时，广电行业需要频繁制作高质量的电视节目，熬夜加班的情况较多，因此提及"压力大""工作家庭冲突"自由节点的从业者较多。"电视台工作流程复杂，生活也很紧张。"（A05）"在剪辑的过程中，为了达到更好的效果，花的时间很多。"（A06）

最后，互联网新闻从业者提及"缺乏全媒体技能"自由节点的人数最多，这是可以理解的，从业者自传统媒体转型到互联网媒体后，更加迫切地感到自己需要学习新技术知识以适应互联网媒体对新闻从业者的要求。

在接下来的章节，研究者将分别对价值认知认同危机、专业认知认同危机、角色认知认同危机这三个面向进行详细论述，以厘清这三方面危机的表现、产生原因及消解路径。

第六章

价值面向："影响力"的坠落与"正义感"的无奈

本章摘要：本章详述新闻职业认知认同危机的表现之一——价值认知认同危机。新闻职业对于从业者来说具备双重价值，即精神价值和实用价值。但是目前，从业者处于两种职业价值都难以得到确认的状态，产生价值认知认同危机，其中包括"影响力下降""上升受限""社会不认同""无力解决问题"的精神价值认知认同危机，也包括"待遇偏低""压力大""影响健康"等实用价值认知认同危机。价值认知认同危机的产生是多种因素合力作用下的结果，包括职业特征、传媒组织、技术、政府和资本等层次范围不同的因素。为消解危机，个体层面，从业者会通过"传统媒体—新媒体边界界定""职业去圣化"等心理行为机制消解价值认知认同危机；宏观层面，基于所分辨出的原因，研究者提出消解危机的相关建议：一方面，传媒组织要改善内部机制和发展思路，另一方面，政府也要尊重新闻规律，致力于真正解决被报道者的困境。

职业价值，是指职业对于主体的意义，体现职业的属性、功能对主体需求的满足关系，价值形成的关键是主体的需求。量化部分将职业需求判断作为职业认知认同的一个重要维度，并基于马斯洛需求层次理论，将新闻从业者的职业需求分为"生理和安全需求""情感和自尊需求"以及"自我实现需求"，并发现这三类需求存在明显的"理想"与"现实"之间的冲突和矛盾，即实然状态中，新闻职业对从业者需求的满足程度较低，存在职业认知认同危机。本研究认为职业价值是职业对主体需求的满足关系，从这个意义上讲，量化部分也印证了新闻从业者存在职业价值认知认同危机的现状。

总体而言，新闻职业对于从业者来说具备双重价值或双重效用，其一是理想价值或精神价值，即新闻从业者将新闻职业看成实现自身职业理想、人生追求的载体，从事新闻传播活动的过程就是将人生理想和价值付诸实践的过程；[1] 其二是生存价值或实用价值，即新闻从业者将从事新闻传播活动作为谋生的手段以满足自身生存和发展的需要。而价值认知认同危机则是职业"价值感、意义感的丧失"[2]，即职业意义感和价值感——包括精神价值和实用价值——难以得到确认的状态。

第一节 新闻职业"框架"和价值认知认同危机表现

在详谈价值认知认同危机表现之前，需要理解新闻从业者在"应然"状态中对职业价值的期待，"应然"与"实然"状况的落差导致价值认知认同危机的产生。

访谈过程中，被访者主要阐述他们在精神层面的职业价值理想，而对实用价值理想谈论较少，甚至有被访者认为，当职业精神价值得以实现时，实用价值并不那么重要，"我在做自己坚守的事情，心理非常充

---

① 马艺、张培：《多重价值的融合与冲突——新闻伦理道德失范原因的深层阐释》，《新闻与传播研究》2009 年第 2 期，第 94 - 102 页。
② 王成兵：《当代认同危机的人学解读》，中国社会科学出版社 2004 年版，第 18 页。

实，不会过多在乎钱"（A20）。因此，研究者将主要分析新闻从业者的职业精神价值理想。

一、新闻职业精神价值"框架"：监督、影响和社会进步

查尔斯·泰勒曾运用空间隐喻，认为自我在道德空间中需要一定的方向感和"道德框架"。"当我们试图说明，在我们断定某种形式的生活确实有价值，或把我们的尊严置于某种成就或地位中，或以某种方式规定我们的道德责任时，我们发现自己就是在表达我称之为'框架'的东西。"①

"框架"为新闻职业精神价值的确认提供了一定的标准，使事物获得稳定的意义，"认同是由提供框架或视界的承诺或身份规定的，在这种框架和视界内我能够尝试在不同情况下决定什么是好的或有价值的，或者什么应当做，或者我应赞同或反对什么，换句话说，这是我能够在其中采取一种立场的视界"。②倘若失去了"框架"，人会产生严重的无方向感，不知自己是谁，处在一种"认同危机"的状况中。

在访谈过程中，被访者多次提到"监督""影响""推动"等概念，形成个体作为新闻从业者的内在精神"框架"，即"新闻职业是正义的，监督揭露黑暗面，影响和引导受众，推动社会进步"。其中包括三个层面，"监督""影响"和"社会进步"，即新闻媒体通过行使宪法赋予公民的言论自由表达权、批评建议权，揭露和监督各种社会失范现象，并通过有效的方式将相关态度和意见转化为社会舆论，对社会不公平不正义现象产生巨大的舆论压力，督促相关责任方加以解决，以此

---

① 查尔斯·泰勒著、韩震等译：《自我的根源：现代性认同的形成》，译林出版社2012年版，第35-40页。

② 同①。

促进社会向良性方向发展,从而实现社会公平正义。① 记者彭俐也曾浪漫地将记者的使命解读为"信使、大使和天使",认为记者是"社会真理和良知的全权代表","天性纯洁,心地善良,正直无私,感情丰富,为传播真理的福音而来到世界,为匡正人间的谬误而奔走四方"。②

当新闻从业者的职业实践与其内在精神"框架"相统一时,新闻从业者获得自身的存在性价值,实现一种完整和本真的存在,达到泰勒所谓"善好"的存在,"这就是内在感、自由、个性和被嵌入本性的存在,就是在家的感觉"。③ "如果我能够分辨并确信什么是人的高尚追求,什么是很有价值的事物,那么,这种依据人之本性的生活就达到了精神上的满足。"④

> "当时报纸的影响力很大,报道会有很多人关注,能很快解决问题。比如说做一个监督类的报道,基本上报道当天晚上,或第二天早上就会接到电话通知,调查组或专案组已经进驻现场,问题很快就能解决,反应非常快。这样感觉自己写的文章能够解决一些问题。"(A02)

> "记者总能去到他需要出现的那个地方,让人民群众更加了解这个时代,了解这个事件。"(A06)

> "以前我的想法比较理想化,'铁肩担道义',为民发声,伸张正义。"(A10)

> "这个职业本身的话,我觉得最好能不仅限于监督揭黑,而且

---

① 于春燕:《新闻舆论监督与社会公平正义》,《新闻大学》,2007 年第 3 期,第 32 - 35 页。

② 彭俐:《记者的三个使命》,《新闻与写作》2001 年第 11 期,第 25 页。

③ 查尔斯·泰勒著、韩震等译:《自我的根源:现代性认同的形成》,译林出版社 2001 年版,序言。

④ 查尔斯·泰勒著、陶庆译:《现代认同:在自我中寻找人的本性》,《求是学刊》2005 年第 9 期。

能形成催化作用，有目的地改善问题。就像当年孙志刚案导致收容遣送制度改变，还有北四村、蚁族村等的报道，促成高层下令投十三个亿在北京建流动派出所。我觉得这个东西是对我有正向反馈的，很多批判的新闻报道没有这种催化作用，当然，想要有这种作用是非常难的，但我觉得这个是终极追求。"（A18）

然而，"伸张正义，引导受众，推动社会进步"的职业精神追求一些时候难以完成，从业者的存在性价值难以实现，困惑、迷茫的"精神价值认知认同危机"也随之产生。

二、精神价值认知认同危机表现

在"监督、影响、推动"的职业框架时常失落的现实中，从业者面临着精神价值和人生理想无法实现的困惑。基于深访材料，下文将展开阐述"精神价值认知认同危机"的具体内容。

（一）影响力的"天幕坠落"

从业者面临的最大的精神价值认知认同危机是"影响力下降"（材料来源：17，参考点：69）。"当时（主要指20世纪90年代到21世纪的头十年）很多人遇到麻烦会求助记者"（A02）"当时深度报道会卖到一纸风行的地步"（A12），在被访者所谓的传统媒体"黄金时代"，记者的新闻报道影响力较大，主导价值凸显。然而，近年，在互联网等新兴技术的影响下，信息极大丰富，受众选择空间增加，相应地，传统媒体受众流失，影响力下降。在此背景下，从业者基于传媒影响力建构的成就感遭遇威胁，新闻职业价值也似乎处在"没有方向感"的迷惘状态之中。另外，"影响力下降"也引发传统媒体其他资源如广告、受访对象等的流失，加剧从业者的心理不平衡状态。

"以前听到有记者，重要的人物都会出来，接受记者的采访，

把所有的问题向记者解释清楚。现在不是这样了。"（A02）

"网络视频兴起后，现在最大的感受就是我们请艺人特别麻烦。电视节目最终还是由人来出演，适合你节目的只有那么几个人，要去抢资源只有竞价，这耗的就是国家财产。以前我觉得这些艺人都是有时间的，价钱可能也不会那么高，但是一旦网络视频也开始邀请艺人，那么请他的人多了，机会多了，肯定涨价，价高者得，这对他来讲也没错，但这占了电视台的制作成本的很大一部分，所以老是说我们电视台的制作成本高。"（A05）

"以前在互联网不发达的时候，大报采访名人专家很容易，他们认为能在大报刊发出来很有面子，双方地位相对平等。但这些年渠道增多，我们去采访反而是一种求人的感觉，不管有没有社会地位的受访者都要求看稿。"（A10）

"以前还会说一篇报道能够影响多少受众，但是在现在这种状况下，大家基本上看过就忘记了，能够保留下来的、影响受众的新闻报道非常有限。"（A11）

"广告的影响也是存在的，因为我没有做这个工作，我不太清楚具体的数据，但是肯定有。我们现在接触的一些单位就会提出来，将宣传经费分流给网站或微信公众号。比如原来的宣传经费10万，会分2万~3万到办网站的单位或者办微信公众号的单位。广告经营、受众分流这些实际上都有。"（A17）

在这种情况下，传统的主流媒体难免有"天幕坠落"之感，曾经一锤定音的风光似乎难再，引导舆论的主流主导作用日趋弱化。郎朗在博客文章中，将传统媒体比作沉没的巨轮："既然谁都不知道我们的未来在哪里，何妨就走走看呢，到一个陌生的新世界里去，总不会比一艘沉没的巨轮更糟糕。"① 当作为新闻职业"核心价值"的"影响力"衰退时,从业者的职业方向感和意义感也被削弱,处在价值认知认同危机的状态中。

(二) 上升受限后的另谋出路

除却"影响力下降","上升受限"(材料来源:10,参考点:26)也是被访者经常提及的节点。对于年轻的新闻从业者而言,"上升空间受时间的影响"(A06)。

> "年轻人一方面觉得自己没有一个超强的技能,另外一方面觉得前面有很多前辈,所以到三十岁无法实现某个目标,无论你的薪酬再高,也可能会离职,他要去闯一闯,看看世界,这是我们同事离职的一个原因。"(A05)

> "职务方面的晋升在我们这种一线团队还是蛮难的,因为现实情况是,他们老一辈的制片人,基本上处于青壮年,职业生涯周期是很长的,所以等我们这批比他们小十多岁的后辈进来以后,这个空间受时间的影响,没有办法去改变。"(A06)

对于从业年限较长的从业者而言,新闻职业也成为开阔眼界、自我提升的阻碍。"能够感知、体验到的已经差不多,职业对个人没有提升。"(A10)"时间长了,发现以新闻的视角看待世界太过单一。"(A15)"做记者没有向上的趋势,并不是越资深越好,职业发展受限(A19)。"当从业者年龄日长,跑不动新闻,而职务职称的晋升也不理想时,便只能转型为自己谋求后路。

> "主要原因是这个职业没有发展、对个人没有提升。现部门给我的机会已经很好,我能够感知到、体验到的已经差不多,做一线

---

① 郎朗:《一个 10 年老记的心声:我为什么要离开》,虎嗅网 2013 年 3 月 4 日,检索于:https://www.huxiu.com/article/10922/1.html。

记者已经到头了。我去过全国各地采访，东南亚也走完了，我所能够涉及的东西也差不多了。"（A10）

　　"就我个人而言，我觉得以新闻的视角看待世界，显得过于简单，造成了一种堰塞湖、淤塞的状态。所以，我有时刻意远离新闻，试图系统地看待这个世界，使大脑变得更清晰些。"（A15）

　　"我就是想做业务，但是能称呼自己的也就是记者、编导这些称号，还有一个编委主编这种称号，这些称号是没有级别的，制片人才是科级干部。所以随着年纪越来越大，觉得再干也还是这样。"（A18）

（三）正义感带不来社会认同

"正义"是新闻从业者内在"框架"的重要部分，从业者认为自己的职业是"伸张正义的光荣职业"，理应受到社会的尊重和认可。然而，记者的一腔"正义感"有时却形成负反馈，带来社会不认同的现象。"社会不认同"（材料来源：9，参考点：27）指新闻从业者在职业生活中，感受到的社会其他群体对自身的排斥与不满。

一方面，采访对象时而将新闻记者视为"找麻烦的人"。

　　"一些企业看到记者，就觉得记者是去找麻烦了，会感觉到一点被排斥，我觉得记者在别人心中不应该都是那种来找麻烦的形象。"（A03）

情况更甚的是，新闻从业者想要帮助和保护的"困难群体"有时也对前来"匡扶正义"的记者感到厌烦，认为记者的这些"打抱不平""英雄主义"行为会损害自己的利益。

曹林在其评论文章中曾回忆："有一位采访蚁族的记者朋友，做了许多反映蚁族艰难生存状态的报道，房子很破、交通麻烦、配套设施不完善。可当地蜗居者并不喜欢记者，觉得是记者引来相关部门的关注，把他们寄居的房子弄没了，连蜗居之地都找不到了。"① 另外，也有媒体报道贫困山村学校孩子的贫困生活，可学校却被以"非法办学"的名义取缔，孩子变得无学可上。

虽然新闻从业者只是站在船桥上的"瞭望者"，而非森林医生"啄木鸟"，记者的职责在于揭露社会问题、发出预警信号，而排除社会风险、治愈社会顽疾的重任掌握在政府相关职能部门手中，而非媒体手中。但无法理解这一点的被报道者时而将不幸简单归因于媒体报道，排斥乃至仇视新闻记者。而新闻从业者也可能因报道带来的不良后果陷入"伦理自责"，"伸张正义"的职业"道德框架"演变为压在心中的"道德包袱"。

> "我现在感觉自己当年伤害了很多人。比如湖南有一个学校给学生补课，我就去报道，报道完校长就被撤职了，本来是一个很优秀的女校长，学校补课也是家长的要求，她也挺为难。但没有办法，媒体报道后，马上就被撤职。因为这些我心里产生很多愧疚感。"（A18）

> "我觉得社会上很多人不会以宽容的心态看待记者，他们会觉得这件事情就是新闻媒体做得不对，比如说有些精神病患者冲进幼儿园杀孩子，他们会觉得是因为记者的报道才把这些人引起来的，我觉得说这些话蛮伤记者的心。"（A20）

另一方面，社会其他群体也将一部分"失职新闻从业者"的行为视为新闻行业的常态，形成对记者的排斥。

> "特别是电视台多了以后，记者素质参差不齐，像年轻的记

---

① 曹林：《记者终于可以不必为格斗孤儿而内疚》，《吐槽青年：曹林的时政观察》2017 年 11 月 23 日，检索于：http://mp.weixin.qq.com/s/oypdr - 5w3w9kC - 9vQbch0Q。

者,扛着摄像机出去以后,觉得自己是记者,什么事情都要充个老大,这样的话就把社会印象搞差了。像我们××频道刚成立的时候,社会上有人闹事,记者就出去,觉得自己什么都能摆平,扛着摄像机,对方就得害怕,我觉得这样很不好。"(A04)

(四)无力解决问题的无奈

"无力解决问题"(材料来源:4,参考点:7)暗含着新闻从业者通过监督报道推动社会进步的愿望。但是,新闻记者所报道的问题需要相关职能部门配合才能加以解决,如果政府部门对新闻从业者所发出的预警信号、所揭露的社会问题或消极对待、视而不见,或"头痛医头、脚痛医脚",使得问题并无改善时,新闻从业者"推动社会进步"的愿望也时常落空。"很多事情得不到圆满解决,自己的心态也会受影响。"(A20)

> "一个事件曝光在大众的眼前,那么我们该改变的就一定要改变,不能让它们长期地存在,应该加大打击力度,让老百姓感觉到对公平、正义的维护。但时常会有重复报道,政府没有解决问题。比如说医院排队挂号的号贩子、各种托儿,我们发现的问题就是报一下处理一下,我觉得这是一个问题。这会影响一个记者对职业价值的认识。从我们媒体的角度来说,是希望一个问题被暴露出来,被社会大众知道了,就马上出来办法,把它彻底解决。如果这些重复的监督多了,有些人就觉得无所谓,认为这些问题媒体报了也就这样,这会影响媒体从业者的心态。"(A02)

三、实用价值认知认同危机表现

既然在精神层面,职业理想似乎是难以到达的"诗和远方",那么在实用层面,新闻职业可以保障从业者生活无虞吗?量化部分的研究结果显示,当前,新闻从业者并不太认可职业所提供的薪酬水平和福利状况。

(一)努力也无法突破的待遇"天花板"

新闻职业曾经能提供较丰厚的薪酬,物质待遇与其他行业相比也较高。"以前年底有分红,一年拿到手的工资较多,觉得还是挺舒服的。"(A18)但随着经济发展,待遇不仅上涨幅度小,甚至还有所下滑,"待遇偏低"(材料来源:12,参考点:32)成为越来越突出的问题。

中国新闻出版研究院 2017 年发布的报告显示,当下,中国新闻采编人员的月收入水平总体偏低,且相互之间的收入差距并不大。月收入 3 000 元以下和 15 000 元以上的都没有,基本集中在 3 000 ~ 5 000 元和 5 000 ~ 10 000 元两档。[①]

> "其他行业可能起点低,但可以看到收入的增长。对我们来说,就很容易到头,觉得没有希望了,一个月再怎么努力,顶级记者的收入上限大概是一万五。个人感觉,近几年单位的待遇会有一些下滑。不增就是减,经济在发展,但收入没有增加。刚开始和他人对比的时候,肯定会有一些冲击。"(A10)

从业者待遇偏低的现状与互联网冲击下传统媒体受众、广告资源的流失有关,在传统媒体营收愈发困难的背景下,从业者甚至有了失业的担忧。"全国很优秀的纸媒,经营收入很多都降了四五成,而且相对于去年同期是亏损的,这就让员工对未来、前景有很大担忧——哪天这个

---

① 中国新闻出版研究院课题组:《我国新闻采编队伍现状调查报告》,《传媒》,2017 年第 23 期。

媒体不在了怎么办，失业怎么办。"① "但凡纸媒能再活 5 年，我都不会出来创业……但是，形势逼人，不创业就要失业。"②

（二）随时待命的压力

"压力大"（材料来源：9，参考点：32）节点被提及的人数和频次也较多，且大部分提及的被访者来自广电行业（材料来源：6，参考点：27），这与电视行业需要频繁制作高质量的影视节目有关。

> "我们必须保持这种平稳的、紧张的工作，我们一个月会录四期节目，从前期请嘉宾到策划主题，到最后的录制剪辑，这一条线全是导演组自己完成，没有请任何的外援跟外包公司，这个时间周期至少要三个礼拜。说三个礼拜都是保守的，因为在剪辑的过程中，你为了达到更好的效果，可能花的时间更多。然后这些刚结束，又要马不停蹄地准备下一期。"（A06）

> "我有认识的同事，他们的生活是非常紧张的，比如说晚上六点档、七点档新闻节目的从业人员，他们必须在这之前把所有的工作完成，然后就算完成了，可能只有一点点的休息时间，马上就要想明天的选题。他们的流程很复杂，先要早上来了开会报选题，开完会以后出去采访，采访完马上编稿子，不但要写好稿子，而且还要把拍的片子编辑好，给领导过审。如果领导没审过的话，你今天的工作就算白干了。"（A05）

> "我不知道别人的情况，反正从我 2004 年到××卫视工作以后，基本上没有什么让你放松的时刻，压力非常大，也没有什么好好休息的时间，因为项目一个接着一个。"（A05）

---

① 王海萍：《又一个深度部分崩，又一个深度部主任离职》，刺猬公社 2015 年 6 月 6 日，检索于 http：//www.vccoo.com/v/8f59ef。

② 《"一条"独家首访，回应百万粉丝来源、视频商业模式》，新媒体排行榜 2014 年 12 月 8 日，检索于 http：//www.sohu.com/a/560415_108964。

同时，也有报纸新闻从业者提及工作压力较大，主要体现在记者处于随时待命的状态，有突发状况随时需要报道。"头上一直有一根弦悬着，可能随时都有突发的事件要去报道。要 24 小时待命，不能有完全放松的感觉，哪怕假期也不能有。"（A19）

另外，相关学者的调研也印证了媒体行业压力较大的现状。陆高峰2009 年在 29 个省、市、自治区做的报业从业者调查报告指出，超过八成的报业从业者认为工作压力很大或较大，近八成广电从业者认为工作压力大。①

（三）同工不同酬的待遇差异

目前，部分传统媒体内部依然存在双轨制，有事业单位编制和企业聘身份的差异，有时同工不同酬，甚至做得少拿的多，形成"待遇不公"的现象（材料来源：7，参考点：19）。另外，不仅在待遇方面，与"在编记者"相对应的"流浪记者"，往往也没有编制、户口和职称，甚至没有国家新闻出版总署颁发的记者证，权益得不到应有的保障，形成媒体内部的不公平感。

"近几年的一些传统媒体中，大部分从业者不是通过工作分配、单位调动这种途径进去的，因此没有事业编的身份。像我们20 世纪 90 年代后期和 2000 年以后进去的人，大部分没有事业编，这种讲起来就是政治待遇，因为同工不同酬，所以大家对这个身份还是很看重的。"（A17）

"我们当年都是'黑工'，就不签合同，谁好就留着，像我毕业后一两年都没签合同，那个年代我一点都不在乎。2008 年的时候，单位开始'赶黑工'，我那个时候一下就失业了。当时单位让

---

① 陆高峰：《报人从业生态急需"绿化"——报业从业者生态调查报告》，《传媒》2010 年第 8 期，第 38－41 页。

我们藏起来，偷偷地做节目。当年我们连合同都不要，就是为了来干活，结果说赶就赶走了。但是摆脱'黑工'的身份也挺难，因为编制很少，后来因为新节目成立有了 10 个编制，我才转正的。当时觉得自己在外面做揭黑报道，但是自己其实就是不公平的受害者。"（A18）

（四）为健康而担忧

"影响健康"（材料来源：4，参考点：5）主要指新闻行业作息不规律、经常出差而造成的对身体状况的影响。陆高峰 2009 年的调查显示，近六成广电从业者较多和经常为自己的健康状况担心，报业的状况更为严重，六成以上从业者经常或较多为自己的健康状况担心。[1] 记者刘建锋在离职告白中曾写道："我本身患有的溃疡性结肠炎这一痼疾，和此次严重发作的膝盖伤病，已经为我原计划长期做下去的独立调查事业，画上了一个句号。"[2]

"我们生活作息完全不规律。这两天有一个实习生还跟我请假，早晨请假去看胃。我说你怎么啦？他就说他反胃干呕已经持续大半年了，都是饮食不规律造成的，因为有时候事情在手上没办法按时吃饭。"（A06）

"那个时候出差太频繁，而且我的身体不是特别好，那个时候经常去南方出差，南方比较湿热，我比较瘦，身体不太好，整个人的状态就不是特别好，所以想要换一个环境。"（A20）

---

① 陆高峰：《报人从业生态急需" 绿化" ——报业从业者生态调查报告》，《传媒》2010 年第 8 期，第 38－41 页。

② 刘建锋：《独立众筹项目失败责任承担告支持者书暨告别新闻业书》，新浪博客 2014 年 9 月 17 日，http://blog.sina.com.cn/s/blog_ 53e076820102v25u.html。

第二节 价值认知认同危机产生原因及消解路径

针对上述精神价值认知认同危机和实用价值认知认同危机的表现，研究者试图逐一厘清其产生的主要原因，探析危机的消解路径。

一、价值认知认同危机产生原因辨析

经过开放式编码和主轴编码，研究者发现价值认知认同危机的产生原因包括职业特征、传媒组织、竞争者、资本、技术、政府等层次范围不同的因素，其中，竞争者因素因与技术、资本因素关系紧密，因此未列在树节点中，而被编码为自由节点，包含于树节点内。其编码表如表42 所示。

表42 价值认知认同危机产生原因编码表

主轴编码（树节点）	开放式编码（自由节点）	材料来源	参考点
技术因素	塑造竞争者	11	26
职业特征因素	节奏紧张	6	11
	随时出击	4	7
传媒组织因素	金字塔架构	5	7
	以量为主的激励机制	4	7
	双轨用工制	3	13
政府因素	回应乏力或失当	4	6
资本因素	塑造竞争者	1	2

为厘清各原因节点与各价值认知认同危机表现节点间的关系，研究者运用 N11 的聚类分析功能，将具有相似特征的节点进行聚类。聚类

依据为"单词相似性"，即将共有多个单词的不同节点聚类到一起。相似性度量标准为"Jaccard 系数≥0.5"，即两个节点交集的大小与两个节点并集大小的比值大于或等于50%（设定 Jaccard 系数≥0.4 时，通过节点内容比对，研究者发现部分关联节点的相似性是基于零散的共有词汇，而词汇组成的语义并不具有相似性；设定 Jaccard 系数≥0.6，则可能忽略部分重要的相似内容；经过反复对比调适，选择 Jaccard 系数≥0.5 作为相似性度量标准），聚类图如图4 所示。其中，资本因素、影响健康、无力解决问题、待遇偏低、社会不认同（通过度量系数，仅能厘清待遇偏低、社会不认同两个自由节点与其所属树节点的单词相似性，无法厘清其与各原因节点间的单词相似性）等节点，因节点编码内容较少，难以通过度量系数厘清节点之间的单词相似性。针对这几个节点，研究者使用 N11 复合查询功能，通过危机表现节点和各原因节点内容的两两比对，厘清之间关系。

（一）技术因素：新技术"塑造竞争者"，加剧传统媒体资源流失，从业者创造"影响力"的期望时常落空

依据表42，技术因素树节点包含"塑造竞争者"（材料来源：11，参考点：26）一个自由节点，指新技术对传统媒体竞争者以及媒体行业竞争格局的重塑和改造。同时，由图4 可见，技术因素与精神价值认知认同危机中的"影响力下降"节点相似度较高，关系较强。

传统媒体得以确立其影响力，其一是靠内容，其二是靠渠道。[1] 传统媒体时代，内容和渠道是稀缺性资源，掌握在传媒机构和新闻从业者手中，形成竞争优势。但是，互联网等新技术改变了传统媒体与新媒体的博弈格局，使内容和渠道资源都不再稀缺，传统媒体优势被消解，网络媒体的竞争优势凸显。

---

[1] 喻国明：《关系赋权范式下的传媒影响力再造》，《新闻与写作》2016 年第7 期，第47－51 页。

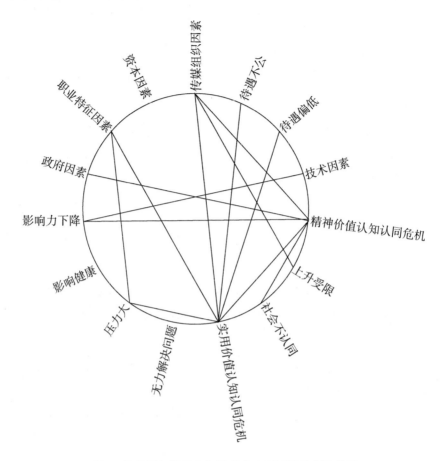

图4　价值认知认同危机及其产生原因的节点聚类图

　　目前来看，优质内容是传统媒体引以为豪的优势。但是，互联网上有众多的内容提供者，包括传统媒体、网络媒体、自媒体以及用户发布的内容，人工智能技术催生的机器新闻写作也在丰富内容的供给。在这种情况下，优质新闻内容时常被淹没于信息的海洋中，难以发挥竞争优势。同时，除了会直接影响投资损益的财经新闻，对于其他新闻，人们只希望更加便捷地获取资讯，而资讯本身质量如何并不重要，[①] 传统媒

---

① 喻国明：《关系赋权范式下的传媒影响力再造》，《新闻与写作》2016年第7期，第47－51页。

体从业者精雕细琢生产的内容也可能被受众忽略。

在渠道方面，目前，移动终端是人们与外部世界建立信息连接的主要信息通路，传统广电网络和报纸发行网络的市场空间受到挤压，用户不断流失。"当下传统媒体的颓势根源在于传统传播渠道的'中断'或'失灵'。"① 移动端不仅能让用户随时随地接收新闻，基于大数据和算法技术的个性化推荐，也使得用户能接收自己感兴趣的新闻。在这个过程中，移动互联网渠道优势凸显。

当下，互联网行业已呈现"寡头独占"的局面，传播渠道掌握在少数互联网巨头手中。以美国为例，Facebook 和 Twitter 两家平台在 2015 年占据美国新闻资讯流量的 81%，而 2017 年，Facebook 和 Google 合计占据了全球数字广告市场近 90% 的份额。传统媒体虽然掌握优质内容，但在与互联网巨头合作时，一方面，其内容要依靠互联网巨头掌控的传播渠道才能更有效地到达受众，另一方面互联网平台有着多样的内容来源。因此，传统媒体处在非常有限的价值博弈位置上，甚至沦为互联网平台的内容供应商。

在此消彼长的竞争格局中，传统媒体对内容、渠道的掌控权被削弱，受众流失日益严重，威胁着从业者基于影响力建构的精神成就感，形成精神价值认知认同危机。受众流失引发的媒体广告资源流失，也限制从业者的待遇上升空间，间接导致实用价值认知认同危机的产生。

（二）职业特征因素：随时出击、节奏紧张的职业特征使从业者难以放松，甚至影响从业者身体健康

依据表 42，职业特征因素树节点包含"随时出击"（材料来源：4，参考点：7）、"节奏紧张"（材料来源：6，参考点：11）两个自由节点。同时，根据图 4，职业特征因素与实用价值认知认同危机中的"压

---

① 喻国明：《关系赋权范式下的传媒影响力再造》，《新闻与写作》2016 年第 7 期，第 47—51 页。

力大"节点相似度较高，关系较强。通过复合查询和节点对比，研究者发现职业特征因素也与实用价值认知认同危机的"影响健康"节点相似度较高。

新闻职业全天待命、随时出击的特征时而令从业者倍感压力。"调查记者没有工作时间概念，随时都要去调查。"（A02）广电行业频繁制作高质量节目的紧张节奏，也可能影响从业者身体健康。"作息不规律，内分泌很容易失调，但又没有时间去调理，形成恶性循环，对女性职工的生育会有影响。"（A05）

（三）传媒组织因素：传媒组织的激励机制、行政架构无法促进从业者个人待遇、社会地位的上升，用工制度也催生不公平感

传媒组织因素树节点包含"金字塔架构"（材料来源：5，参考点：7）、"以量为主的激励机制"（材料来源：4，参考点：7）和"双轨用工制"（材料来源：3，参考点：13）三个自由节点。同时，由节点聚类图可见，传媒组织因素与精神价值认知认同危机的"上升受限"节点，以及实用价值认知认同危机的"待遇不公"节点相似度较高，关系较强。通过复合查询和节点对比，研究者发现传媒组织因素也与实用价值认知认同危机的"待遇偏低"节点相似度较高。总体来看，传媒组织因素的影响如下所述。

首先，重量轻质的激励机制使与体力相关的年龄成为阻止资深从业者收入上升的一个因素。"基本工资＋稿酬"的激励机制，以及必须完成一定工作量的考核机制，使得多跑新闻、多发稿件成为记者获取高收入的途径。对于年纪较大的从业者来说，"基本不想动了"（A04），年龄成为限制。资深记者经过长期积累，对事物形成较深刻的判断力和洞察力，但却没有通道"让这些记者进行长线的重大报道，更好地参加

选题的选定、长线的新闻策划等"①，依然陷于日常的批量重复报道，看不到发展前景。

其次，金字塔型的行政架构使职务晋升的空间颇为有限。当年龄日长，跑不动新闻时，行政级别的晋升如成为"副总编辑""总编辑"是获取高收入和成就感的途径，但僧多粥少，新闻从业者行政级别的晋升也面临困难。"制片人才是科级干部，记者、编导这些称号是没有级别的，所以觉得再干也还是这样。我到四五十岁就无路可走了，等到我年纪大的时候就跑不动新闻了，必须给自己找后路。"（A18）

最后，双轨用工制度催生不公平感。当下，部分传媒仍保留着双轨用工制度，员工被分为事业编与企聘两类甚至更多等级。不同类别的员工虽从事相同工作，但非事业编员工往往没有编制、户口、职称，工资待遇低，甚至要在更差的待遇条件下完成更多工作。"后来进去的人，大部分没有事业编，就是政治待遇，因为同工不同酬，所以大家对这个身份很看重。"（A17）

总体来看，传媒组织的激励机制、行政架构使职业无法成为个人待遇、社会地位上升的载体，用工制度也催生不公平感，由此产生"上升受限""待遇偏低"和"待遇不公"的职业价值认知认同危机。

（四）政府因素：部分政府部门对新闻报道回应乏力或失当，导致从业者"无力感"和"不义感"的产生，怀疑职业精神价值

依据表42，政府因素树节点包含"回应乏力或失当"（材料来源：4，参考点：6）一个自由节点。同时，由图4可知，政府因素与精神价值认知认同危机相似性较高。通过复合查询和节点对比，研究者发现政府因素与"无力解决问题""社会不认同"节点相似度较高，关系

---

① 南香红：《记者职业的"杀手"和"救星"》南方新闻网 2011 年 11 月 7 日，检索于 http://www.southcn.com/nfdaily/media/cmyj/32/02/content/2011 – 11/07/content_32767552.htm。

较强。

新闻从业者是站在船桥的"瞭望者",而非森林医生"啄木鸟",其专长在于预警与揭露问题,而非治愈。排除社会风险、治愈社会顽疾的重任掌握在政府职能部门手中,而非媒体手中。如果政府部门对新闻从业者所发出的预警信号、所揭露的社会问题或消极对待、视而不见,或只采取"头痛医头、脚痛医脚"的短期做法,没有从根源上建立长效机制以解决问题时,"瞭望者"会产生无力解决问题、无法推动制度变革的"无力感",形成精神价值认知认同危机。"重复监督多了,有些人就觉得无所谓,媒体报了也就这样,不能真正解决问题,这会影响从业者的心态。"(A02)当然,新闻从业者也需看到的是,一些社会基本问题并不是一篇新闻报道就能够撼动并加以解决的,而是需要滴水穿石的毅力,需要媒体的不断冲击,最后推动问题的解决。

同时,在解决问题时,如果相关政府职能部门只顾及自身形象,只站在部门利益而非公众利益的角度思考问题,不顾及被报道对象身处的境地,其采取的解决方案可能产生负面影响,甚至与记者的报道初衷背道而驰,导致"社会不认同"和新闻从业者"不义感"的产生。譬如,面对媒体对城市蜗居者的报道,有的政府部门只是简单拆除蜗居点,不仅没有改善被报道对象的生存环境,反而让他们陷入无处立足的窘境,加剧社会对新闻媒体的不认同,新闻从业者也可能为这种报道结果感到愧疚。

(五)资本因素:资本力量塑造竞争者,影响传统媒体从业者对职业价值的感知

依据表42,资本因素树节点包含"塑造竞争者"(材料来源:1,参考点:2)一个自由节点。通过复合查询和节点比对,资本因素与精神价值认知认同危机的"影响力下降"节点相似性较高,关系较强。

政府政策对资本介入传媒有一定影响。以广电行业为例,政府不允许外资和民营资本介入电视媒体,这些资本对电视媒体的渗透始终具有

较大风险。[①] 相较之下，互联网媒体的融资渠道较为宽松，譬如新浪、网易、腾讯等网络媒体，在国际风险投资的支持下快速孵化发展，进而进入美国、中国香港的创投证券版获得大量融资，资本实力较强。[②]

资本力量影响竞争格局，资本实力较雄厚的互联网巨头为吸引受众，不惜"砸重金"抢夺资源。"互联网资本实力更强，愿意砸重金请艺人，我们现在请艺人压力很大。"（A05）在这样的背景下，传统媒体的资源加剧流失，吸引受众的能力下降，影响力也在跌落。

另外，在传统媒体之外，阿里巴巴投资的"虎嗅网""第一财经"，腾讯投资的"财新传媒""知乎"等在资本的大力扶持下，凭借更灵活的管理机制，产生巨大的影响力。一些在传统媒体圈子里悠游多年、自我感觉良好的新闻从业者突然发现自己已被抛出新闻行业"第一梯队"，也会产生心理落差，影响他们对职业价值的感知。

总体来看，价值认知认同危机的产生是多种因素合力作用下的结果。为消解危机，一方面，新闻从业者个体会采取一系列心理行为机制，以消解危机带来的不平衡感；另一方面，由于造成价值认知认同危机的原因在很大程度上源于政府、传媒组织等社会结构体系，因此，消解价值认知认同危机的权限并未完全掌控在新闻从业者个体手中，从个体之外的宏观层面寻找消解危机的路径亦很有必要。

二、价值认知认同危机消解路径

（一）个体层面

就新闻从业者个体层面而言，当价值认知认同危机产生时，从业者

---

① 罗霆：《基于"竞争五力"模型的电视产业环境分析》，《现代传播〈中国传媒大学学报〉》2009 年第 3 期，第 99 – 102 页。

② 于正凯：《技术、资本、市场、政策——理解中国媒体融合发展的进路》，《新闻大学》2015 年第 5 期，第 100 – 108 页。

会通过一系列心理机制和行为机制消解危机，其消解路径如下所述。

第一，以"传统媒体—新媒体"的边界界定机制消解技术冲击下，传统媒体影响力下降所带来的心理不平衡感。

美国社会学家查尔斯·蒂莉认为，边界、跨边界关系、边界内关系和故事构成集体身份，任何身份由四部分组成：将"我"与"你"分开的边界、一组边界内的关系、一组跨边界的关系和一组有关那个边界与那些关系的故事。[①] 在阐述自身的"传统媒体人"身份时，被访者时常以"优质内容"作为"传统媒体—新媒体"之间的边界界定，认为新媒体的内容质量较低，而传统媒体内容质量较高。

同时，根据"优质内容"的边界界定，受访者也形成一定程度的"内群体偏向"和"外群体歧视"，即由认同所引起的给内群体成员较多的资源和正面评价的倾向，由认同缺乏所引起的给外群体成员较少的资源和负面评价的倾向。[②] "我们是原创者、内容生产者，给互联网提供了大量的素材。我们在做实事，而互联网要依靠我们。"（A02）"网络视频制作的层次太低，质量太差。做高质量的、讲究的东西还是需要传统媒体。"（A04）"记者是干别人干不了的事，比如说前段时间的招生腐败案，自媒体干不了，没资源、调查权，需要职业记者来干。"（A21）

第二，以"精神价值"抵抗"待遇偏低"的实用价值认知认同危机。

面对较低的职业待遇，从业者试图以职业所带来的"精神价值"弥补物质上的不足。"在物质方面跟其他行业比，自己是不满足的，但

---

① 查尔斯·蒂利著、谢岳译：《身份、边界与社会联系》，上海人民出版社2008年版，第8页。

② Otten S. and Munurmndey A.，"To Our Benefit or at Your Expense Justice Considerations in Intergroup Allocations of Positive and Negative Resources，" *Social Justice Research*，No. 12，1999，pp. 19 – 38.

也没有觉得自己穷，因为心理上比较饱满，过得比较充实。"（A15）"我知道自己比跑经济口的记者收入少，我们做监督报道，不会拿红包。但我觉得这是我们在坚守的东西，我们做自己在坚守的事情，心理非常充实，不会过多在乎钱。"（A20）

第三，面对待遇偏低的实用价值认知认同危机，部分从业者转向功利性价值选择。

所谓功利性价值选择，是指从业者出于功利性的计算衡量而做出的价值选择，趋向的是一种世俗化的存在，获得的是物化层面的收益和满足。

当无法通过新闻职业实现精神理想时，部分从业者热情减退，锐气消磨，将新闻理想放在一边，而将"金钱理想""粉丝理想"放在首位，纷纷转向其他营利渠道，如"揽私活""经营自媒体"等营利方式。"现在崇尚用自媒体挣钱，自媒体收入比较高，能通过写的东西赚钱，也是一种能力。"（A19）

第四，值得注意的是，对于转向功利性价值选择，但仍有新闻理想的从业者而言，其在存在价值与功利价值的矛盾中，往往处于一种自我分裂的状态。在这种状况下，从业者会通过一定的心理机制来弥合两者间的裂缝。

本研究发现，从业者会通过"寄望他人"和"延续框架"的机制消解自己不再坚持"新闻理想"的内疚感。"寄望他人"是从自我与他者的同一性出发，即认为即便自己离开了新闻职业，依然有一部分人坚守新闻理想，延续自己"未竟的事业"。"我相信还是有一批人是这样的，会想方设法跨越障碍。"（A18）"延续框架"是从过去和现在的同一性出发，指从业者在转向功利价值的同时，依然以新闻职业的"道德框架"要求自身。"我对企业的选择是比较挑剔的，企业要有一定的社会责任感，我对自己的公关稿审核也非常严格，要求公关稿上没有对产品功能夸大的成分。"（A20）

第五，面对无力解决问题的无奈，从业者通过新闻职业去圣化消解心理危机，虽然无法推动社会进步，但仍可以记录社会现状。

在访谈过程中，从业者为新闻职业赋予了许多神圣化、英雄化的标签，如最常被提起的"无冕之王""铁肩担道义"，以及"独行侠""勇士""八府巡按""钦差大臣"等借喻，暗示了从业者对新闻职业较高的期望，即如前所述，能够挖掘真相，解决问题，推动社会发展。然而现实中，记者常常有难以实现理想的无奈感。

在这种情况下，从业者通过新闻职业的去圣化消解价值认知认同危机，所谓"去圣化"，是从业者对职业神圣感的弱化，[1] 即走出过高的职业要求，回归到自身力所能及的范围内。虽然无法解决问题，但依然可以记录现状。"虽然不能做出彻底的改变，但起码把这件事情记录下来了，这就是历史上的一笔，对自己的内心和当事人也有个交代。"（A20）

（二）宏观层面

除却个体层面的消解机制，从宏观层面寻找消解价值认知认同危机的路径亦很有必要。基于所分辨出的价值认知认同危机产生的原因，研究者提出消解危机的相关建议。

就传媒组织而言，需改善内部机制和发展思路。第一，改善以量为主的激励考核机制，以保障新闻从业者，尤其是年纪偏大的资深记者，能有长远的职业发展。目前，一些媒体已做出相应调整，譬如对资深记者改挣工分为年薪制，以保障其基本收入，以及批准记者的"创作假"以支持其从事深度长线选题的采访和写作。[2] 第二，改善媒体内部同工

---

① 李辉：《高校教师职业角色的现代性困惑及其出路——兼谈教师职业"去圣化"的双重效应》，《中山大学学报（社会科学版）》2007 年第 6 期，第 119 – 124 页。

② 南香红：《记者职业的"杀手"和"救星"》，南方新闻网 2011 年 11 月 7 日，检索于 http://www.southcn.com/nfdaily/media/cmyj/32/02/content/2011 – 11/07/content _ 32767552. htm。

不同酬、身份的差异。传统媒体内部依然存在双轨制，有事业单位编制和企业聘身份的差异，这种境况造成了内部职业认知认同的错位，也催生不公平感。传媒组织可建立一套以业务为准的评价和晋升体系，在行政职务之外，更加注重从业者的业务能力。第三，面对互联网等新技术对传统媒体渠道优势的消解，传媒组织可在坚持"内容为王"的基础上，加强互联网渠道平台建设。譬如，浙报集团利用党管媒体所具有的政治资源，通过政务服务的刚需吸引用户，并通过提供多元化的服务留住用户，以建构自身的互联网传播平台。

就政府而言，要尊重新闻规律，面对报道的问题，不能只是简单应对、平息舆情，也需注意方法，真正解决被报道者的困境。如四川"格斗孤儿"问题的解决就是好的示例，在解救这些孤儿的同时，政府没有切断孩子们未来的格斗之路。在政府的支持下，相关格斗俱乐部获得体校资质，孩子可以继续学习，依法享受教育，毕业后获得国家承认的学历，未来发展有了保障。

第七章

专业面向："专业技能"和"专业评判"的受限与挑战

本章摘要：新闻从业者对于职业意义的认知，除了源于对职业价值的评判，也源于其在实际专业生活中专业自主的具体实现。倘若新闻从业者无法在职业生活中自由自主地决定"我要做什么""我该怎样做"，或是不知道"我该按什么标准做事情"，便可能面临专业生活中主体性丧失的问题，处于专业认知认同危机的状态中。本章依据对"新闻专业"的定义，将专业认知认同危机表现分为"专业技能受限""违背行为规范"和"评判标准不明"三层次，具体包括"复制而非创造""不确定性""缺乏全媒体技能""事实核查困难""违背职业伦理""主观评判"等自由节点。技术因素是专业认知认同危机产生的主要原因。当下，互联网技术不仅促成"复制而非创造"现象的产生，也使从业者面临"缺乏全媒体技能""事实核查困难"的挑战。为消解危机，在个体层面，从业者积极学习新技术以应对"缺乏全媒体技能"的挑战。宏观层面，传媒组织和新闻教育机构也应注重从业者数字技术和事实核查能力的培养。

新闻工作是门职业（occupation），其内容是新闻信息的采集、整理、加工和扩散。当称其为专业（profession）时，是指从事新闻工作必需的专业技能、行为规范和评判标准，[①] 而这必须通过专门的训练获取，并为新闻职业共同体所共享。

依据上述定义，本书将"专业认知认同危机"表现分为"专业技能受限""违背行为规范"和"评判标准不明"三层次。"专业技能受限"指新闻从业者所掌握的知识技能无法有效发挥、无法胜任实践需要的情形。"违背行为规范"指新闻行业中，部分从业者违背职业道德和职业要求而行事的状况。"评判标准不明"指由于新闻产品质量评判的主观性，导致从业者的专业判断受到限制甚至不被承认的情况。

第一节　专业认知认同危机表现

本研究受访者大多受过专业的大学新闻教育，通过专业学习和职业实践，了解与掌握新闻工作的专业技能、行为规范和评判标准，这些技能和规范被新闻"职业共同体"所认可，是"职业新闻人"的基本要求。譬如，量化部分研究发现，新闻从业者普遍认为"新闻价值判断能力""写作与文字编辑能力""图片、视频、音频拍摄与编辑能力""与受众互动的能力"等是较重要的专业技能，同时，"互联网技能"也受到部分从业者的重视。另外，新闻从业者最认同"事实准确""报道客观"和"保持公正"的专业素养，最不认同"有偿新闻"等职业行为。

但是，从业者也认为，自身所具备的专业技能还未达到理想状态，部分专业技能和素养在职业实践中也没有得到有效发挥，"有偿新闻"等行为的发生频率亦高于理想状态，在职业认知认同层面，存在着专业

---

① 陆晔、潘忠党：《成名的想象：中国社会转型过程中新闻从业者的专业主义话语建构》，《新闻学研究（台北）》，2002 年第 71 期。

理念的"理想"与"现实"的冲突。

质化部分在量化研究结论的基础上，进一步探讨新闻专业技能、行为规范和评判标准无法有效发挥、无法胜任实践甚至不被承认的情况，展现新闻从业者专业认知认同危机表现的详细图景。

一、专业技能受限

新闻工作的核心专业技能不是一成不变的，而是随着时代的变化不断发展变化。根据波因特（poynter）研究院 2013—2014 年在美国的研究，其区分出未来新闻记者应掌握的 37 项核心技能，分为"知识、态度、个人特质以及价值观""新闻采集""新闻生产"和"技术和多媒体生产"四个层面，其具体情况见表43。[①]

表43　新闻记者应掌握的37项核心技能[②]

知识、态度、个人特质，以及价值观（knowledge, attitudes and personal features or values）	好奇；准确；很好地处理压力与截稿期限；很好地处理批评意见；拥有宽广的知识视野；拥有良好的社交技能；成为一个好的团队成员；熟悉新闻伦理；了解其他文化；了解政府知识；了解媒介环境；熟悉版权法；熟悉新闻法；了解媒体运营知识；拥有好的新闻判断力；熟悉当下事件；选择可信的信息；成为一个团队领导；进行变革和创新的能力；
新闻采集（news gathering）	分析与整合规模庞大的数据；利用网络联系和发展信源；在一个高水平基础上搜索网络信息；精通采访技术；在不依赖互联网的情况下，搜索新闻和查证信源；以一种历史的视角来看待新闻；解释统计数据与图表；

---

① 霍华德·芬博格、劳瑞恩·克林格、张建中：《未来新闻业的核心技能》，《新闻记者》，2014年第11期，第22-28页。
② 霍华德·芬博格、劳瑞恩·克林格、张建中：《未来新闻业的核心技能》，《新闻记者》，2014年第11期，第22-28页。

新闻生产 （news production）	新闻叙事能力；以流利的风格来写作；使用正确的语法来写作；掌握各种类型的新闻写作技能；了解受众的期望与需求；语言表达技能；
技术或多媒体 生产（technical or multimedia production）	使用超文本标记语言或其他计算机语言工作的能力；拍摄与编辑视频；拍摄与编辑图片；记录与编辑音频；使用视觉与图形技术讲故事的能力；

（一）复制而非创造

由上表可以看出，采访技术和创新能力位列新闻记者的核心技能。在新闻报道中，从业者往往处于新闻报道第一线，通过现场采访和记录，塑造自身的专业权威。同时，主题选取、采访角度、新闻写作和节目制作等过程也是创造创新的过程，从业者按一定的逻辑采集素材并加工成新闻作品，展现给受众。

但是，一方面，在日复一日固定化的新闻生产中，创造性的新闻制作沦为"流水线式的重复"（A04），变成"复制而非创造"（材料来源：8，参考点：18）的工作活动，令从业者失去了原先的创造热情。

> "一个栏目的定位确定了之后，你所有的内容，不管形式怎么变，必须在这个框架之内，感觉这就像生产流水线一样。譬如我之前做的一个交友恋爱节目，每天就是找，找六个男孩，六个女孩，往节目里面塞，然后告诉他们怎么去聊天，这些东西都是重复性的工作，而不是创造性的工作了。"（A04）

> "做的时间久了感觉有个瓶颈期，四五十岁还在媒体干，感觉有大量的重复劳动，采访、编导很多工作都是重复的。"（A18）

另一方面，新闻专业曾着力强调"风里来雨里去""身处第一线""脚底板下出新闻""拿到第一手消息"的实践原则。随着互联网的发展，信息极大丰富，通过网络搜索整合，"很多新闻改改就出来了"（A13），新闻写作变成"复制整合已有的新闻"（A13，A15，A21）。"现在新闻院校的学生是伴随着谷歌长大的一代人，如果遇到什么问题，他们本能的反应就是从网上寻找答案，但是并不是所有答案都可以在互联网上找到，也不是在网上找到的答案都是正确的或全面的。"①

> "当他们习惯这些的时候，知足常乐的时候，不用风里来雨里去的，很多新闻改改就出来，新闻同质化的现象挺突出的。"（A13）

> "按照二八原理来说，感觉80%的记者都不是在做新闻，许多是在复制新闻。我常觉得，新闻行业的去产能跟我们低端的生产行业一样，去产能的任务都是非常艰巨的。"（A15）

> "今天我们写新闻的过程，可能就是先上百度，看看前辈们的文章，抹吧抹吧，就像垒砖砌墙一样，把别人的泥一刮别人的砖一砌就是自己的墙了。"（A21）

（二）不确定性

除却"复制而非创造"的困扰，在新闻采集和新闻生产中，从业者也要面对"不确定性"（材料来源：8，参考点：13）的挑战。新闻从业者外出采访时，需面对多变的情况，这时而让从业者感到无所适从，即便是资深记者，其经验经历有时也派不上用场。

> "每天都有不确定性，还是会遇到一些挑战。不同采访对象的态度也截然不同。"（A03）

> "我租房子的时候曾经跟新闻中心的两个同事一起生活，他们告诉我，采访的时候是要靠运气的，有的采访对象可能愿意配合

---

① 霍华德·芬博格、劳瑞恩·克林格、张建中：《未来新闻业的核心技能》，《新闻记者》，2014年第11期，第22-28页。

你，你的运气很好，但是有的采访对象并不愿意配合。"（A06）

"真的去实践的时候，发现这是在课本上完全学不到的东西，一线的变数太大了，哪怕做了五六年的记者，去采访一个新事情的时候，感觉好像是差不多的套路，但其实还是有很多变化和不一样的地方。"（A20）

同时，传媒组织运作机制也加剧了新闻从业者采访的"不确定性"，譬如部分媒体内部的报销制度和日常运作机制，使新闻从业者可能面临采访费用无法报销，或是采访素材被放弃的问题。

"曾经有一段时间，××报纸记者出去采访时，采访费用都是自费垫付，稿子交给报社，稿子录用了给报销，不录用的话采访费记者自己出。"（A13）

"跑新闻的时间点也可能导致新闻无法播出，像下午六点钟播新闻，可能四五点钟就要回来编稿子，但是采访对象的时间点往往跟不上，这就没有办法，只能放弃这些或做一些浅层次的报道。"（A06）

（三）缺乏全媒体技能

量化部分的研究结果显示，在对"音频、视频记录与编辑能力""计算机编程能力""运用 HTML 语言能力"等的认知上，从业者认为自身所具备的能力还没有达到理想水平，从侧面印证了从业者"缺乏全媒体技能"（材料来源：4，参考点：9）的状况。

当下媒介环境变化迅速，大数据、互联网等新兴技术的影响越来越凸显与深刻。新兴技术在新闻领域的应用主要有以下几点：

第一，数据成为新闻生产的核心资源，数据新闻成为新闻生产的重要方式与内容。所谓数据新闻，是指数据驱动的报道，具体来讲是通过挖掘和展示数据背后的关联与模式，利用丰富的、具有交互性的可视化传播，创作出新闻报道的新方式。其生产流程一般是"获取数据（getting data）—分析数据（analyzing data）—数据可视化（visualizing data）"。第二，在网络新闻应用中，基于用户数据的"算法分发"模式正在快速发展，实现基于用户兴趣的个性化精准分发；第三，信息可视化、信息图表、视频、动画、H5 等正在成为新闻报道的重要表现形式，丰富多彩的多媒体交互方式层出不穷；第四，包括但不限于无人机（drone）、虚拟现实（virtual reality）、增强现实（augmented reality）、人工智能（artificial intelligence）等最新技术都在一定程度上开始影响新闻文本、生产与分发过程，使新闻打破传统的"固化"产品形态，更多体现为"体验式"的过程。[①]

在这样的背景下，新闻从业者需要不断学习掌握新技能以适应技术的发展。"既要掌握扎实的新闻理论和广播电视业务知识，又要掌握必要的技术技能，尤其是包罗万象的新媒体技术，如虚拟影像合成技术、数字合成技术、3G、Web2.0、影视编导、节目策划、摄像技术、灯光技术、非线性编辑、特技制作技术、音视频编辑技术等。"[②] 另外，祝建华也提出，新闻记者应当至少学好三门语言——外语、SPSS 语言和HTML 语言。而且，其他编程语言如用于数据挖掘分析的 R 语言、Python 语言、专业程度更高的 Java 语言等也十分重要。[③]

在如此诸多的要求下，从业者深感原有知识体系已无法胜任当下的新闻实践，产生"缺乏全媒体技能"的专业认知认同危机。

"这两年是个巨大的考验。媒体人以前都在生产内容，现在要

---

① 周葆华、查建琨：《网络新闻从业者生存状况调查报告》，《新闻与写作》，2017 年第 3 期，第 17 - 23 页。

② 唐筱童：《媒体融合：锻造跨媒体新闻人才势在必行》，《新闻窗》，2009 年第 6 期，第 24 - 25 页。

③ 祝建华：《大数据时代的新闻与传播学教育：专业设置、学生技能、师资来源》，《新闻大学》，2013 年第 4 期，第 129 - 132 页。

掌握新技术，要会弄公众号，会用很多软件。我知道《××报》招文字记者时也要求会视频拍摄、剪辑软件，现在 90 后的从业者已经在这个环境下被逼得掌握了一些技术。"（A18）

（四）事实核查困难

"新闻真实性"是新闻的基本原则，报道的"准确、真实"是对新闻从业者的基本要求。然而，在当下众声喧哗的媒介环境中，"事实核查"变得愈发困难（材料来源：2，参考点：2），如何在众多良莠不齐的信息中提取出有意义、可靠的信息，如何从情绪化宣泄中筛选出平衡、客观的言论，对记者而言越来越是一个挑战。

> "人人都有麦克风的时代，记者行业还是很难做的。一篇新闻马上报出去，时效是有了，但是你有时并不知道新闻事实到底是什么，你听这个人介绍，听那个人介绍，比如扶老太太、扶老头的新闻，其实事实并不是那么回事。"（A13）

在这样的背景下，"事实核查能力"显得越发重要，波因特研究院的报告显示，美国超过半数的新闻教育者和新闻业内人士将"在不使用互联网的情况下，搜索新闻与查证信源的能力"作为新闻从业者应具备的重要能力。[①]

二、违背行为规范与评判标准不明

（一）违背职业道德

新闻职业道德是新闻从业人员在长期的职业实践中形成的、符合新闻实践特点的、从事新闻活动时调整相互关系的自律行为规范、意识观

---

① 霍华德·芬博格、劳瑞恩·克林格、张建中：《未来新闻业的核心技能》，《新闻记者》，2014 年第 11 期，第 22－28 页。

念和职业素养的总和。我国新闻行业建立了新闻道德委员会，先后出台了《中国新闻工作者职业道德准则》《关于加强新闻队伍职业道德建设，禁止"有偿新闻"的通知》等规章制度，制定了员工行为规范，[①]其中明确规定新闻从业者"不能剽窃"，要"拒绝一切礼物、好处、费用、免费旅游和特殊对待"。

然而，在现实职业实践中，依然存在从业者"违背职业道德"（材料来源：4，参考点：9）的现象，且根据量化研究结果，这些现象的发生频率远高于新闻从业者所认为的理想状况。在访谈过程中，有的被访者也提到，自己虽然对"收红包"的行为感到排斥，但不收红包显得过于特立独行，"不太合群"。（A19）

> "存在着一拨记者，出去采访报道不是为他人服务，而是去揩油的。我刚到电视台的时候，有一种感觉就是，有的记者'能够敲一单就算一单'。"（A04）
>
> "我记得的一个事情是，开两会的时候，领导打电话说有报纸来采访这个省教育的情况。后来根本没有记者来采访，就是报社提几个要求，教育方面的负责人准备一些材料给到报社。后来报社把这些材料整理整理，刊登了四个版面，然后打电话过来说要48万，这不就有点欺诈了吗？"（A13）
>
> "心理上会有排斥，因为你拿了别人的钱就有受制于人的感受，就必须要给人家发稿，写稿的时候也不能随便写。我宁愿不拿，然后可以不发稿。但是不拿会有一点不合群。"（A19）

（二）主观评判

"新闻行业经营的是精神产品，无论是生产难度和重要性的衡量，

---

① 季为民：《新闻道德、新闻伦理相关概念的溯源与解析》，《新闻与传播研究》，2017年第12期，第108－120页。

还是产品质量与服务质量的判断，都不像其他专业性的行业更具有操作性。"① 尤其在电视节目制作领域，由于产品质量"评判标准较为主观"（材料来源：3，参考点：7），从业者的专业评判有时会遭遇挑战，"每个人眼光不一样，没有很完善的评判标准"（A04），"这是主观意识很强的一个岗位"（A05）。

> "跟写作文一样，跟画家画画一样，每个人眼光不一样，每个人讲故事的方式也不一样，它没有一个很完善的评判标准，我们国家 70 年代开始搞电视，不像文学的东西，体裁什么都是恒定的。"（A04）

> "是主观意识很强的一个岗位，比如，这个东西，有人觉得红的好看，你觉得绿的好看，其实红的绿的都好看，怎么办呢？"（A05）

第二节　专业认知认同危机产生原因及消解路径

针对上述专业认知认同危机的表现，研究者试图厘清其产生的主要原因，并探析危机的消解路径。

一、专业认知认同危机产生原因辨析

研究者对专业认知认同危机产生原因进行开放式编码和主轴编码，发现其产生原因包括技术、个体和职业特征等层次范围不同的因素，编

---

① 吴飞、龙强：《新闻专业主义是媒体精英建构的乌托邦》，《新闻与传播研究》，2017年第 9 期，第 5 - 25 页。

码表如表 44 所示。

表44 专业认知认同危机产生原因编码表

主轴编码 （树节点）	开放式编码 （自由节点）	材料来源	参考点
技术因素	冲击实践原则	6	14
	冲击知识结构	3	8
个体因素	职业技能不足	5	13
职业特征因素	主观精神产品	2	3

为厘清各原因节点与各专业认知认同危机表现节点间的关系，研究者运用 N11 的聚类分析功能，将具有相似特征的节点进行聚类。聚类依据为"单词相似性"，即将共有多个单词的不同节点聚类到一起。相似性度量标准为"Jaccard 系数≥0.5"，即两个节点交集的大小与两个节点并集大小的比值大于或等于 50%（设定 Jaccard 系数≥0.4 时，通过节点内容比对，研究者发现部分关联节点的相似性是基于零散的共有词汇，而词汇组成的语义并不具有相似性；设定 Jaccard 系数≥0.6，则可能忽略部分重要的相似内容；经过反复对比调适，选择 Jaccard 系数≥0.5 作为相似性度量标准），聚类图如图 5 所示。

由图 5 可知，通过度量系数仅厘清了技术因素与专业技能受限节点之间的相似性。对于其他节点，由于编码内容较少，研究者使用 N11 复合查询功能，通过各原因节点与各危机表现节点内容的两两比对，厘清之间关系。

（一）技术因素：新技术冲击原有实践原则和知识结构，导致"事实核查困难""复制而非创造""缺乏全媒体技能"等专业认知认同危机的产生

依据表 44，技术因素树节点包含"冲击实践原则"（材料来源：6，参考点：14）和"冲击知识结构"（材料来源：3，参考点：8）两个自

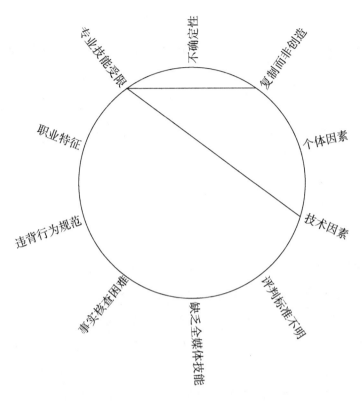

图5 专业认知认同危机及其产生原因的节点聚类图

由节点。同时，由图5可见，技术因素与专业技能受限树节点相似度较高，关系较强。同时，通过复合查询和节点比对，技术因素与专业技能受限中的"事实核查困难""复制而非创造""缺乏全媒体技能"等自由节点相关联。分析节点内容后，技术因素的影响如下所述。

首先，互联网等新媒体技术虽然使内容极大丰富，但也助长虚假新闻的泛滥，"事实核查愈发困难"，以真实性为第一要义的从业者感到该实践原则在职业生涯中难以施展。"人人都有麦克风的时代，记者还是很难做的，很多时候不知道事实是什么。"（A13）

其次，互联网便利的复制转载，也使新闻写作有时变成闭门造车式的"复制整合"（A13，A15，A21），"先上百度，看看前辈文章，抹吧抹吧，把别人泥一刮砖一砌就是自己的墙了"（A21），这也与新闻专业曾着力强调的"身处第一线""脚底板下出新闻"的实践原则格格不入。

最后，面对不断出现的新技术，从业者需不断更新知识结构，面临着"缺乏全媒体技能"的挑战。"媒体人以前都在生产内容，现在要掌握新技术，会很多软件。"（A18）

当从业者原有的实践原则无法有效发挥，知识结构也无法胜任实践时，专业认知认同危机由此产生。

（二）个体因素：职业技能不足限制从业者的专业实践

依据表44，个体因素包含"职业技能不足"（材料来源：5，参考点：13）一个自由节点。通过复合查询和节点比对，个体因素与专业技能受限中的"不确定性"节点相似度较高，关系较强。

新闻从业者职业技能水平参差不齐，部分从业者职业技能较强，能灵活应对采访时多变的情况，降低"不确定性"带来的困扰。"出去采访也会吃闭门羹，但面对不同的采访对象有不同的技巧，可以采取不同的方式。"（A20）而部分从业者因能力不足，采访中面临着更大的挑战。"我调查能力不是很强，到了一个地方，什么人也不认识，就要去寻找线索、劝说采访对象接受采访，硬着头皮做，感觉很累。"（A19）

（三）职业特征因素：新闻职业生产"主观精神产品"，从业者的专业评判时而受到限制

依据表44，职业特征因素包含"主观精神产品"（材料来源：2，参考点：3）一个自由节点。通过复合查询和节点比对，职业特征因素与评判标准不明中的"主观评判"节点相似性较高，关系较强。

新闻职业所生产的是"主观精神产品"，缺乏完善的评判标准，"不同的人眼光不一样，讲故事的方式也不一样"（A04），从业者的专业判断有时不被承认和尊重，导致专业认知认同危机的产生。

二、专业认知认同危机消解路径

在厘清专业认知认同危机产生的原因后,同样,研究者试图厘清其在个体和宏观层面的消解路径。一方面,在个体层面,从业者积极学习新技术以消解"缺乏全媒体技能"的困扰;另一方面,在宏观层面,针对分辨出的原因,研究者提出消解危机的相关建议。

(一)个体层面

在面对"缺乏全媒体技能"的专业认知认同危机时,部分从业者通过积极的方式加以应对,学习新技术,以消解相关危机。

在"认同危机"这一概念中,"危机"并没有望文生义所想象的那么严重,正如埃里克森强调的:"'危机'一词,并不是含有灾难临头的意思,而是指一个必要的转折点,一个决定性的时刻。在这一时刻中,发展必须向一方或另一方前进,安排生长、恢复和进一步分化各种资源。'危机'一词成为一个具有启发性的词汇而适宜于一种仪式化的用法。"① 在"缺乏全媒体技能"的专业认知认同危机中,也孕育着新的机会,推动着从业者的自我完善和发展。"我要自己剪片子,这逼着我开始重新学习,我觉得要加入市场化媒体、新媒体的话,就得逼着自己学新的东西。"(A18)

但是,也应注意的是,虽然技术变革激发着从业者的学习动力,但新闻从业者对"哪些新技术新知识需要学习"的认知仍有不足之处,缺乏一定的前瞻性。

周葆华、查建琨 2016 年对网络新闻从业者的调查发现,一方面,在所重视的技能上,中国的网络新闻从业者最看重的依然是基础必备技

---

① 埃里克·H.埃里克森:《同一性:青少年与危机》,浙江教育出版社 1998 年版,第6页。

能——包括采编、信息整合、价值判断等。随着微博、微信的兴起，网络新闻从业者日益看重社会化媒体的运营和与受众的互动。同时，网络新闻从业者也较为重视数据统计与分析、信息可视化等技术的学习，这可以折射近几年数据新闻的勃兴。然而，他们对当下经常被提及的新技能、新科技，包括虚拟现实、人工智能等并没有十分看重，中国网络新闻从业者对影响未来的新科技的重视程度尚待提高。①

（二）宏观层面

面对"缺乏全媒体技能"的挑战，从业者会通过自我提升、自我完善以消解危机。而在从业者个体之外，传媒组织、新闻教育机构等也应做出相应调整，以消解从业者的专业认知认同危机。

第一，就传媒组织而言，改善培训机制，注重培养从业者的数字技术能力。"过去的新闻工作一去不复返了，未来新闻业的核心技能将会为未来新闻业的发展提供必要的基础保障。"②

第二，就新闻教育机构而言，注重全媒体教育，培养学生的数字技术能力和多媒体叙事能力。另外，也应注重对"事实核查能力"的培养。如今的90后、00后是伴随互联网成长的两代人，遇到问题，他们本能的反应就是从网上寻找答案，但鉴于互联网信息良莠不齐的现状，事实查证能力，尤其是线下信息查证能力的培养变得更加重要。

第三，就监督机制而言，针对"违背职业道德"的现象，应建立健全监督约束机制。相关行政部门应加强对新闻工作者的监管力度，制定相应规章制度、规范性文件，规范新闻采编人员的行为规范。同时，也可加强社会的有效监督和新闻行业的行业自律。

---

① 周葆华、查建珺：《网络新闻从业者生存状况调查报告》，《新闻与写作》，2017 年第 3 期，第 17－23 页。

② 霍华德·芬博格、劳瑞恩·克林格、张建中：《未来新闻业的核心技能》，《新闻记者》，2014 年第 11 期，第 22－28 页。

第八章

角色面向：参与者还是宣传者和营利者？

本章摘要： 一个个体在不同的社会空间中往往扮演着不同的角色，如"上司""下属""父母""儿女""同事"等等。同时，同一个角色也可能承担多种期望，如有人认为"上司"应该权威严肃，有人认为上司应该平易近人。当多种角色和多重期望之间无法契合时，便可能导致角色认知认同危机，包括两个层面："角色内冲突"和"角色间冲突"。新闻从业者的"角色内冲突"具体表现为"理想角色与宣传者、营利者的冲突""理想角色与记者细分的冲突"，"角色间冲突"则主要表现为"工作家庭冲突"。角色认知认同危机的产生原因包括传媒组织、政府、资本、受众等不同方面的因素，为消解危机，一方面，在个体层面，新闻从业者试图平衡多重角色，并利用互联网对政府规约进行"边缘突破"；另一方面，在宏观层面，政府管理部门应完善公民教育，引导理性沟通，互联网新闻资讯平台也应丰富算法取值，注重新闻的社会价值和重要性，以遏制肆意炒作的媚俗新闻；另外，传媒组织也可通过适度的岗位轮换，降低记者细分带来的困扰。

角色概念最早来自舞台喜剧，引申到社会学领域，指社会和公众期望扮演社会角色的人以特定的方式为社会服务。但是，不同的社会结构要素对同一个体或同一角色的要求时而相互矛盾，个体的自我角色期待也可能存在"理想"与"现实"之间的断裂，形成角色认知认同危机，可分为"角色间冲突"和"角色内冲突"两个方面。角色间冲突指个体在不同的社会空间承担不同角色时引发的矛盾冲突。角色内冲突指同一个角色承受多重期望，且期望之间难以契合时产生的心理困惑。[①] 中国新闻从业者往往承受着多重角色期望，如成为宣传者、监督者、营利者等，不同角色期望之间有时能相互统一，但有时也会产生矛盾，引发新闻从业者的角色认知认同危机。

第一节　角色认知认同危机表现

在理解角色冲突时，需要先厘清新闻从业者对新闻职业在社会中所扮演的角色有怎样的认知。当从业者的角色期待与现实中的角色要求相矛盾时，便可能产生角色认知认同危机。

一、新闻职业角色认知

职业角色认知是指新闻从业者对新闻职业在社会中扮演的角色的看法。西方学者在 20 世纪 60 年代就开始了对新闻从业者职业角色认知的研究，总结出"传播者""解释者""对立者""公众鼓吹者"等职业角色，[②] 其中，西方从业者最重视的是对新闻内容的及时传播和调查。[③]

---

① 董泽芳：《论教师的角色冲突与调适》，《湖北社会科学》2010 年第 1 期，第 167 - 171 页。

② Weaver D. H. , Beam R. A. , Brownlee B. J. , et. al. , "The american journalist in the 21st century: u. s. news people at the dawn of a new millennium," *Journalism & Mass Communication Quarterly*, Vol. 24, No. 4, 2006, pp. 459 - 461.

③ 白红义：《从倡导到中立：当代中国调查记者的职业角色变迁》，《新闻记者》2012 年第 2 期，第 9 - 14 页。

同时，与西方强调"对立者""公众鼓吹者"角色不同的是，中国新闻从业者对报道事实、观察和解释事件的"观察者"角色较为看重[①]白红义在对当代中国调查记者的两种职业角色模式——"倡导者和中立者"的梳理中也发现，中国走的是与西方相反的路径。西方新闻界倡导式的职业角色产生于对客观中立的专业主义的不满，希望新闻记者扮演一个更加能动、具有创造性的角色。相反，中国记者的中立式角色则是对以往倡导式传统的"纠偏"。[②]

在互联网的新环境下，新闻从业者职业角色认知也呈现出新的特征。例如，社会化媒体鼓励表达个人意见，削弱了记者中立记录者的角色，记者在社会化媒体中表现出更强的倡导色彩，倾向于主动说出自己的意见并影响他人。记者甚至参与、影响事件的发展过程，成为新闻事件的主角。[③]

综上所述，中国新闻从业者的职业角色认知呈现复杂纠缠的状况，形成一定的矛盾和张力，而互联网技术也进一步影响着从业者的职业角色认知。

访谈过程中，研究者询问被访者"工作前，理想中的新闻职业是什么样的"，是为了解被访者在应然层面对新闻职业角色的认知，其开放式编码和主轴编码结果如表45所示。

[①] 张志安、吴涛：《"宣传者"与"监督者"的双重式微——中国新闻从业者媒介角色认知、变迁及影响因素》，《国际新闻界》2014年第6期，第61-75页。

[②] 白红义：《从倡导到中立：当代中国调查记者的职业角色变迁》，《新闻记者》2012年第2期，第9-14页。

[③] 陈宁、杨春：《记者在社会化媒体中的新闻专业主义角色——以记者微博的新闻生产为例》，《现代传播（中国传媒大学学报）》2016年第1期，第133-138页。

表 45   新闻职业角色认知

主轴编码 （树节点）	开放式编码 （自由节点）	材料来源	参考点	编码示例
参与者	监督推动	16	34	A01：对不光明事件进行揭露或者打击，包括食品安全方面，我们不断地在协助这个行业更加完善；
	帮助他人	13	28	A08：能够帮助他人，帮助老百姓解决问题；
	引导受众	8	12	A09：争取做社会的启蒙者，能够引领社会的风向，而不是一味地迎合受众；
	伸张正义	8	12	A12：当时觉得新闻记者是一群"铁肩担道义、辣手著文章"的人，伸张正义；
观察者	记录社会	5	13	A03：出去采访，然后将内容如实记下来；
	挖掘真相	6	8	A02：我觉得记者会挖掘事情的真相，然后会剖析表面上不太相同的原因；
普通职业	普通职业	5	9	A11：我觉得这就是一份职业而已，一份很普通的职业；
宣传者	正面宣传	2	4	A14：记者是政府的喉舌，是舆论的领头人。

从表 45 中可以看出，"参与者"和"观察者"的自由节点数量、被提及人数和被提及频次都较高，可见在理想状态下，从业者趋向于认为新闻记者应是社会变迁的"参与者"和社会事件的"观察者"。"参与者"是推动社会变迁的信息和观点的提供者，认为媒体比受众高明，记者要启蒙受众，而"观察者"则如实记录新闻事件信息，认为冷静

的文字事实比评论更重要。

研究者认为，新闻从业者之所以比较认可"参与者"和"观察者"的角色，一方面是媒介环境的影响。20 世纪 90 年代，"北有《焦点访谈》，南有《南方周末》"《南方周末》一度成为异地监督的典范。访谈过程中，八位被访者提到《南方周末》《中国青年报》《东方时空》《焦点访谈》等报纸和电视节目对自己的影响。这八位被访者中七位现今三十多岁，他们十几岁左右，受这一批媒体的影响，希望能通过做新闻，"惩恶扬善"（A05）"揭露社会的阴暗面，推动社会发展"（A09）。另一方面，本次研究的被访者大多受过专业的大学新闻教育，老师在课堂上也描述着理想中的新闻职业角色，"上本科的时候，老师讲的故事很热血"（A16），对受访者的职业角色认知产生影响。

二、角色内冲突

应然状态中，从业者对新闻职业角色的期待是成为"参与者""观察者"，但实然中又要担当"宣传者""营利者"的角色，角色认知认同危机由此产生。

（一）理想角色与宣传者的冲突

受中国传统"文人论政"思想的影响，新闻从业者希望能文以载道，充当社会良知。同时，随着西方新闻思想影响的加深，以及与新闻有关的行业协会、新闻专业教育的发展，"新闻专业主义"慢慢成为行业性的主导意识形态。[①] 其所奉行的客观性报道、社会责任等理念已成

---

① 吴飞、龙强：《新闻专业主义是媒体精英建构的乌托邦》，《新闻与传播研究》2017年第 9 期，第 5 - 25 页。

为诠释新闻职业理念的核心词汇。①

　　新闻从业者成为"参与者"和"观察者"的希望与担当"宣传者"的要求之间可能发生矛盾，产生"理想角色与宣传者的冲突"（材料来源：19，参考点：84）。"感觉自己做得很好，但上面有新闻纪律不能播放的话，就会服从"（A01），"感觉自己上报的选题比较有意义，但是通过不了"（A09），"自己比较爱惜自己的文字，如果没有见报，会觉得功夫是白费了"（A10）。

　　"刚开始我是做新闻编导，在学习过程中发现有很多的限制，我觉得这造成了我心理上的落差。在大学学习政策法规的时候，并不知道有些东西是需要门槛的，但在现实过程中会逐渐碰到。"（A16）

　　"当时我们有的节目被砍了，部门也拆了。拿掉这些栏目有一个背景是新闻资讯化，去深度报道，碎片化。但我觉得当时有点矫枉过正，大家后来都觉得矫枉过正了，把一些深度调查节目基本变成了新闻播报。"（A18）

　　"我工作五六年，遇到体制方面的问题也挺多的，包括到当地采访一些重大、敏感的事情，会受到当地宣传部门的阻挠、围追堵截。我有一次去××省采访，有一个爸爸杀了他孩子的几个同学，然后跳楼自杀了。当时当地的相关部门就跟踪我们，我们早上还没起床，他们就在我们住的宾馆门口守着，你出门，他们就带你去吃饭，你去哪儿，他就跟着你去采访。他们跟着的话，采访对象没办法讲真话，就会感觉很憋气，很想逃。有一天中午的时候，盯我的那个人跟了好几天也很累，在大厅睡着了，我就偷偷溜出去，结果他一直不停地打电话，这种事情会造成很大的困扰。"（A17）

①　马艺、张培：《多重价值的融合与冲突——新闻伦理道德失范原因的深层阐释》，《新闻与传播研究》2009年第2期，第94-102页。

新闻从业者理想中纯粹的"参与者""观察者"的角色期望有时难以实现，这种期望与"宣传者"的角色要求有时相统一，但有时也相互冲突，进而导致角色认知认同危机的产生。

（二）理想角色与营利者的冲突

布尔迪厄认为，相较于其他的文化生产场域，新闻场域自主性很弱，具有高度的他律性。① 除却上述政治压力的影响，部分传统媒体还是自负盈亏的企业，面对着营收压力，在这种背景下，新闻从业者也处于"理想角色与营利者冲突"的状态中（材料来源：9，参考点：32）。"理想中是做对大家有用的，又有收视率的新闻，但是这个很难兼顾"。（A01）

原《南方都市报》编辑黄长怡在离职告白中也提到传统较为理想的"独立采编"模式难以实现的困境。"那个时候的纸媒更纯粹，只对内容谈内容，做报道就是做报道，媒体人觉得自豪的地方在于采编和内容的彻底独立，采编不管经营怎么样，只做独立的内容，但现在是很难实现的，现在媒体不管是任何一个环节都要至少考虑能不能传播起来，整体呈现一种'采编不如运营'的趋势，现在能直接拉动业绩的是经营部门，采编似乎没办法直接产生经济效益"。②

> "我认为应该减少这类娱乐化报道，对读者无益，自己也没有太多收获。目前，我们单位的考核以报纸版面面积计量，暂时没有阅读量的考核体系。如果未来加入阅读量考评指标，我们可能还需要做一些调整，因为收入、报酬是更为现实的回报，坚守新闻专业主义的想法会弱化。"（A10）

---

① 转引自罗德尼·本森、艾瑞克·内维尔著、张斌译：《布尔迪厄与新闻场域》，浙江大学出版社 2017 年版，第 45－48 页。

② 陈敏、张晓纯：《媒体人离职转型的四大原因》，爱思想网 2016 年 3 月 5 日，检索于 http://www.aisixiang.com/data/97571.html。

　　"我想去记录中国的村庄，但是我自己做完之后要在哪里播出呢？我也有几个平台，比如学术中国，还有非虚构平台，就是他们帮你推，也不给你钱，这种变现是挺困难的，不赚钱也得不到经费支持。当然，我想要资金的话，也可以去优酷当个制片人，做他们那种商业节目，很快就变现了，但是我又没有时间做这些事，很矛盾。"（A18）

　　"像在《新京报》，采编和经营是分离的，我们不用考虑广告的问题，只负责好自己的内容报道就可以。我现在接触的一些行业媒体，他们的采编和经营是一体化的，他们可能不太注重稿件的质量，更关注自己写的稿件能不能带来广告，这样的新闻报道和新闻理想有什么关系呢？我觉得现在大家把数据看得太重了，点击率什么的，它真的是我们想要的东西吗？其实很难说。我觉得为了去迎合点击率，为了去迎合大数据，让我们把媒体原本很精华的东西都抛弃掉了，这其实是一个挺大的冲击。"（A21）

（三）理想角色与记者细分的冲突

该冲突（材料来源：6，参考点：10）的产生，主要来自记者分线所带来的困扰。"原来什么报道都做，感觉自己对各方面问题都有推进，记者分线后，只报道某一个领域，感觉自己就只是行业里的一颗螺丝钉，没有太强的自我存在感。"（A02）

　　研究者认为，记者分线制度有利有弊，需要辩证地看待。第一，就益处而言，记者分线能提高新闻生产效率，使新闻生产朝制度化、常规化方向发展，同时，也能使记者对特定行业有深入了解，一般行业新闻不会漏报。第二，就弊端而言，分工画线对记者本身是一种局限，记者与行业各级领导交往日久，双方结下感情，从感情上阻碍了记者履行其舆论监督的职责。同时，不同"线"的记者状况不同，"热"线记者题材多、线索多，经济收益较高，"冷"线记者却与此相反，落差与矛盾也会由此产生。最后，对于心怀"新闻理想"的从业者，当他们的新闻采访报道由于记者分线只能囿于生活琐事时，他们通过做监督报道为社会"伸张正义"的期待也会落空，会产生心理上的落差感。

> "现在我觉得媒体行业有所细化，做民生新闻的就专门做民生，做时政的专门做时政，做深度的专门做深度，记者被细化了，记者职业有所侧重，所以这种情况下记者心里会有落差。之前没有细分的时候，没有时政记者、民生记者这样的概念，都是记者，什么行业都可以触及，感觉自己对各方面问题都有推进。但是现在记者专门分门别类，这个栏目全部做民生，这个栏目全部做时政、跑会议，那民生新闻记者的'无冕之王'的光环自然而然就逐渐丧失了。"（A02）

三、角色间冲突

在职场中，新闻从业者是记者、编导，在家庭中，他们也要承担父母、儿女和配偶的角色，当从业者无法兼顾不同社会空间中的不同角色时，便会出现"工作家庭冲突"（材料来源：6，参考点：10）的"角色间冲突"。李咏曾经表示自己离开央视的原因之一是"想做一个合格的爹，能有更多的时间陪女儿"。原北京日报社副社长李洪洋解释自己辞去一切职务是"由于老人、子女、身体等家庭原因"。

> "我觉得困扰还是挺大的，我感觉不是很明显，因为我还没有小孩，我家里人对我的支持还是比较大的，几乎没有什么抱怨。但是我听说有些记者的家属抱怨会比较多，觉得你经常出差在外。其实女生有孩子之后，很少有人做深度报道了，男生可能还好。"（A20）

另外，相比报纸从业者，广电从业者（材料来源：4，参考点：8）更多地面临着工作和家庭的冲突。

"如果这个行业你能够做十几年，肯定证明你适合这个行业，但难题就是怎样把你的生活和你的岗位有机地融合。因为每个人都是个社会人，不是一个纯粹的工作人，你还有生活、家庭、父母，这是我们现在中年女性导演最困惑的问题。比如说你在做一个很大的项目，你在加班直播，突然你的家人出状况了，这个时候怎么办？当父母、小孩出状况了，比如感冒发烧的一些急性病症，这时候如果正好你在外地，那真的就困扰很大了。"（A05）

第二节　角色认知认同危机产生原因及消解路径

针对上述角色认知认同危机的表现，研究者试图厘清其产生的主要原因，并探析危机的消解路径。

一、角色认知认同危机产生原因辨析

研究者对角色认知认同危机产生的原因进行开放式编码和主轴编码，发现危机产生的原因包括传媒组织、受众、政府和资本等层次范围不同的因素，其编码表如表46所示。

表 46 角色认知认同危机产生原因编码表

主轴编码 （树节点）	开放式编码 （自由节点）	材料来源	参考点
政府因素	监管压力	19	78
受众因素	娱乐、感性化	6	11
传媒组织因素	分工精细化	5	9
资本因素	营利逻辑	3	5

为厘清各原因节点与各角色认知认同危机表现节点间的关系，研究者运用 N11 的聚类分析功能，将具有相似特征的节点进行聚类。聚类依据为"单词相似性"，即将共有多个单词的不同节点聚类到一起。相似性度量标准为"Jaccard 系数≥0.5"，即两个节点交集的大小与两个节点并集大小的比值大于或等于 50%（设定 Jaccard 系数≥0.4时，通过节点内容比对，研究者发现部分关联节点的相似性是基于零散的共有词汇，而词汇组成的语义并不具有相似性；设定 Jaccard 系数≥0.6，则可能忽略部分重要的相似内容；经过反复对比调适，选择 Jaccard 系数≥0.5 作为相似性度量标准），聚类图如图 6 所示。其中，资本因素、传媒组织因素、理想角色与记者细分的冲突、工作家庭冲突、角色间冲突（通过度量系数，仅能厘清工作家庭冲突这个自由节点与其所属树节点—角色间冲突—的单词相似性，无法厘清其与各原因节点间的单词相似性）等节点，因节点编码内容较少，难以通过度量系数厘清节点之间的相似性。针对这几个节点，研究者使用 N11 复合查询功能，通过危机表现节点和各原因节点内容的两两比对，厘清之间关系。

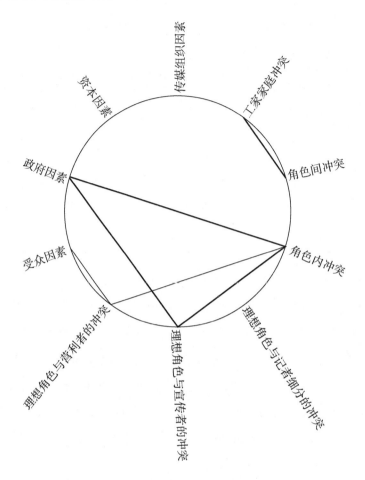

图6 角色认知认同危机及其产生原因的节点聚类图

（一）政府因素：政府监管压力下的角色内冲突

依据表46，政府因素树节点包含"监管压力"（材料来源：19，参考点：78）一个自由节点。同时，根据图6，政府因素与角色内冲突的"理想角色与宣传者的冲突"节点相似性较高，关系较强。

新闻业不仅是市场化的行业，也具有"上层建筑""意识形态"的属性。在新闻从业者的职业生涯中，时常会面对政府的规约，政府部门和新闻专业主义角色期待有时能统一，但有时会发生矛盾，导致"理想角色与宣传者的冲突"。

（二）受众因素：受众娱乐、感性化需求通过传媒组织行为影响从业者，形成"理想角色与营利者的冲突"

依据表46，受众因素树节点包含"娱乐、感性化"（材料来源：6，参考点：11）一个自由节点。同时，依据图6的节点聚类图，受众因素与角色内冲突的"理想角色与营利者冲突"节点相似性较高，关系较强。

传统媒体作为自负盈亏的企业，要考虑受众需求，提高收视率和发行率，获取广告资源。受众娱乐、感性化需求通过传媒组织行为影响新闻从业者，从业者时而要在"媚俗"以成为"营利者"，和坚守"观察者""参与者"之间相平衡。"我们有收视率考核，要看节目有没有市场。但一些观众喜欢看热闹，扯皮、打架、抓小三之类，让我很难兼顾节目有用性和收视率。"（A01）

同时，媒介即讯息，互联网时代，技术也在塑造着更加感性化的受众。

麦克卢汉认为，不断进化的媒介技术及其特有的技术规则改变并决定人的感官比率和感知方式，由技术革新造就的隐蔽服务环境，控制参与其中的人的感知态度，并洗脑着适应该环境的人。[1] 譬如，微博140以内的字数限制，减少阅读所需时间和专注度，在碎片化的信息接收中，受众思维积极性下降，[2] 浅尝辄止，满足于感性体验。同时，受众使用移动终端的情境具有独处、私密化的特征，对猎奇和低俗内容比较敏感，严肃新闻反而不受青睐。在这样的背景下，"理想角色与营利者的冲突"也在加剧。"朋友圈的文章，很多人看标题才决定是否点开，

---

[1] 于新：《媒介是人类感官的延伸——评"麦克卢汉主义的媒介技术认识论"》，《中国报业》2014年第22期，第95－96页。

[2] 陈奕、凌梦丹：《微博"碎片化阅读"的传播麻醉功能解读》，《编辑之友》2014年第5期，第19－25页。

媒体都在起标题上下功夫，迎合大众口味，迎合点击率，把媒体原本精华的东西都抛弃了。"（A20）

（三）传媒组织因素：记者细分下理想与现实角色的落差

依据表46，传媒组织因素树节点包含"分工精细化"（材料来源：5，参考点：9）一个自由节点。根据复合查询和节点比对，传媒组织因素与角色内冲突的"理想角色与记者细分冲突"节点相似性较高，关系较强。

传媒组织内部存在记者细分，"做民生新闻的专门做民生，做时政的专门做时政，做深度的专门做深度，记者被细化了。"（A02）而对于有新闻理想却囿于琐碎、无价值新闻报道的从业者而言，理想的角色期待与现实的角色现状之间也形成落差。

（四）资本因素：媒体屈从"营利第一"的资本逻辑，资本的角色要求或与从业者角色期待相矛盾，形成角色内冲突

依据表46，资本因素树节点包含"营利逻辑"（材料来源：3，参考点：5）一个自由节点。根据复合查询和节点比对，资本因素与角色内冲突的"理想角色与营利者冲突"节点相似性较高，关系较强。

媒介投资者为获取最大利益，希望媒体和从业者生产可以用较低成本获取丰厚商业利润的产品，成为市场中的"营利者"，这有时会与从业者的专业主义角色期待相背离，形成"理想角色与营利者的冲突"。"我想做中国村庄的节目，但没有人投资，去做商业节目的话，很快能变现，但没有时间做，很矛盾。"（A18）

同时，互联网时代，资本可以通过影响网络分发影响传统媒体。通过调整算法权重，新闻内容的分发效果会受影响，这种情况下，从业者往往不敢挑战互联网平台背后的资本力量，间接导致"监督者"角色的式微。

二、角色认知认同危机消解路径

在论述角色认知认同危机的消解路径时，一方面，研究者从个体层面出发，厘清从业者面对危机时所采取的心理和行为消解机制，另一方面，由于造成角色认知认同危机的原因也在于传媒组织等社会结构体系，因此，消解角色认知认同危机的权限并未完全掌控在新闻从业者个体手中，从个体之外的宏观层面寻找消解危机的路径亦很有必要。

（一）个体层面

面对"理想角色与营利者的冲突"时，新闻从业者也试图平衡多重角色。

例如，被访者提到平衡电视节目有用性和收视率的路径："把一个不好看的东西做得好看起来，将其生活化，与最近的事件相结合。但基本不会为了收视率播报对社会有用性不强的新闻。"（A01）"基于有用性的基础上，尽可能把新闻做得生动一些，让观众觉得有吸引力一点，但不能太过娱乐。"（A03）

（二）宏观层面

在从业者个体之外，从宏观层面寻找消解角色认知认同危机的路径亦很有必要。基于所分辨出的原因，研究者提出消解角色认知认同危机的相关建议。

第一，就各级政府管理部门而言，可适度提高对新闻监督的耐受力，尊重新闻专业主义，尊重媒体的舆论监督。面对互联网上的"媚俗"新闻，政府管理部门也应完善公民教育，引导理性的公共沟通，遏制肆意炒作的媚俗新闻。

第二，就互联网新闻资讯平台而言，在进行个性化新闻推送时，除了基于用户兴趣进行推送之外，也应丰富算法取值，注重新闻的社会价值和重要性。另外，也可借助技术手段进行事先核查，拦截"标题党""虚假信息"和低俗图片，避免媚俗新闻的过度泛滥。

第三，就传媒组织而言，可通过适度的岗位轮换，让从业者有机会接触多个领域的新闻报道，降低记者分线带来的困扰。

结　语

互联网技术的快速发展与应用，推动了传媒市场结构的巨大变革，而在这场变革中，本研究主要聚焦于新闻从业者的职业认同危机问题，并试图通过量化和质化研究揭示该种现象、现象产生的原因及其可能影响。其中量化研究部分采用问卷调查法，基于职业认知认同、情感认同和行为认同三个维度，从横截面角度揭示了目前新闻从业者及其后备军共同存在的职业认同危机表现，职业认同危机的影响因素以及其影响效果等。质化研究部分则受深度访谈法自身局限性的影响，较多聚焦于职业认知认同危机，较细致地刻画了新闻从业者职业认知认同危机的具体表现，并着重从技术、政府、资本、受众、竞争者、传媒组织、职业特征和个体因素等方面分析职业认知认同危机产生的原因，详述具体的消解路径。

一、职业认同危机的影响因素与影响效果

新闻从业者作为当前新闻行业的主要劳动者，其对新闻职业的认同状况值得关注；而新闻院系在校生作为传媒从业者后备军，其对新闻职业的认同状况也直接影响着未来新闻行业的劳动力供给。因此，本研究通过对新闻从业者和新闻院系在校生两个群体的问卷调查发现，无论是

新闻从业者还是新闻院系在校生，他们的职业认知认同水平整体较高，但职业情感认同和职业行为认同则相对较弱；并且都存在着三种不同类型的职业认同危机：职业认知认同危机（即自我角色期待的"理想"与"现实"的断裂、专业理念的"理想"与"现实"冲突以及职业价值需求的"应然"与"实然"的冲突矛盾）、职业情感认同危机（即职业情感认同层面上"我"与"他们"之间的矛盾危机）和职业行为认同危机（即职业行为认同层面上"我"与"他们"之间的矛盾危机）。

但与此同时，两者之间也存在着较大的不同，具体体现在：

第一，在新闻职业认同方面，新闻院系大学生对西方的新闻专业主义范式和中国的新闻宣传范式的认知并非采用简单的"二分法"（即"非黑即白"）形式，更多的是将两者融合，譬如该群体不仅对"环境监测"（M = 4.39）和"舆论监督"（M = 3.93）功能具有较高的认同度，而且对"新闻宣传"功能具有一定的认同度（M = 3.45）；而新闻从业者则表现对"环境监测"（M = 3.67）和"舆论监督"（M = 3.59）功能具有较高的认同度。同样地，随着互联网技术的提升，新闻院系大学生除了对"文字技能"（M = 4.55）和"音视频技能"（M = 4.16）等传统技能具有较高的认同度外，对数据新闻、H5 技术等"互联网技能"（M = 3.38）也具有较高的认同度；而新闻从业者则主要认可"基本技能"（M = 4.32）和"专业技能"（M = 3.81）等传统技能，而对数据新闻、H5 技术等"互联网技能"（M = 2.97）的认同度则偏低。

同样地，在新闻职业认同危机方面，新闻院系大学生与新闻从业者的主要差异表现在：首先，在职业认知认同领域，新闻院系大学生认为"提供知识与娱乐"功能并不存在"理想"与"现实"的差异，但新闻从业者群体认为存在显著性差异，其可能原因系当前的新闻院系大学生从小生活在娱乐化环境中，并没有认为当前新闻媒体存在普遍的"泛娱乐化"现象。同时，新闻院系大学生认为"暗访"行为存在"理想"与"现实"的显著性差异，而新闻从业者则认为并不存在显著性差异，造成这种现象的原因更可能是新闻院系大学生的新闻实践较少，对"暗访"行为表现较为排斥。其次，在职业情感认同和行为认同领域，新闻院系大学生认为在"忠诚度"方面并没有呈现显著的"我"与"他人"之间的差异，但新闻从业者则认为存在显著性差异；同时，新闻院系大学生认为在"额外行为"方面并没有呈现显著的"我"与"他人"之间的差异，但新闻从业者则认为存在显著性差异，造成这种现象的主要原因可能系新闻院系大学生之间的日常交流较多，存在明显的"同侪效应"，即易受同辈群体的影响表现趋同性。

第二，在新闻职业认同危机的影响因素方面，新闻教育程度对于新闻院系大学生的职业认知认同危机具有正面影响效应，但对于新闻从业者而言则不存在显著性影响，其原因主要系新闻院系大学生受新闻教育年限越长，对新闻职业规范具有越高的认知认同程度，更容易出现"理想"与"现实"的差异，而新闻从业者在积累了一定的社会经验后，其对新闻职业规范的认知认同更多来自社会实践而非书本理论知识。同时，职业需要认知危机的减弱对降低新闻院系大学生和新闻从业者的职业情感认同危机均有正面积极作用，但在职业行为认同危机领域，职业需要认知危机对新闻从业者的影响更为明显，表现为能够降低该群体的职业行为认同危机，而对新闻院系大学生的影响则相对有限，造成这种现象的原因主要系新闻院系大学生尚未进入新闻职业，其对新闻职业的期待多是通过与他人的交流中获得，其日常的新闻职业行为受未来职业期待的影响较小；而新闻从业者的日常新闻职业行为多受"工资薪酬"等因素的激励作用，其对职业需要的感知也更为深刻，体现为职业需要认知危机越大，其职业行为表现越消极。

第三，在新闻职业认同危机的影响效果方面，职业需要认知危机的降低对于提高新闻院系大学生和新闻从业者的职业情感认同均有显著性作用，这一点很好地解释了当前因互联网技术的快速发展、新闻媒体的事业单位改制等因素影响，新闻职业呈现出薪酬待遇相对下滑、职业上升空间相对有限等状况，使得新闻院系大学生和新闻从业者对新闻职业的情感认同出现下滑，这一点可以从近年来新闻院系大学生专业对口就业率的普遍低下和新闻从业者的频繁离职等现象看出。同时，新闻专业技能认知危机对于新闻院系大学生职业认同具有正面作用，但对新闻从业者却具有负面作用；职业情感认同危机对于新闻院系大学生职业认同具有正面作用，但对新闻从业者却具有负面作用，造成这种现象的原因主要系新闻院系大学生的自我专业技能认知（M = 2.96）低于理想专业技能状态（M = 4.03），但该群体中对自我能力具有较高认知的大学生往往职业行为表现也更为积极；新闻院系大学生的自我职业情感认同表现（M = 2.85）也要低于他人（M = 3.05），但该群体中表现出自我情感认同要高于他人的，也往往是那批具有较高职业情感认同的大学生，因而其职业行为表现也往往更为积极，而对于新闻从业者来说，新闻专业技能认知危机和职业情感认同危机的出现，会降低其职业行为的积极性。

二、职业认知认同危机的具体面向和溯源图式

结合定量研究结论，本研究进一步采用深度访谈法探析新闻职业认知认同危机——新闻职业认同危机三个层面之一——的具体面向和溯源图式。

第一，在具体面向上，研究发现，新闻职业认知认同危机可以从个体、群体和社会的角度细分为三个面向：即以个体内在"道德框架"为参照的价值认知认同危机（对应量化研究中的职业价值需求的"应然"与"实然"的冲突矛盾），和新闻"职业共同体"所共享的技能规范遭遇挑战造成的专业认知认同危机（对应量化研究中的专业理念的"理想"与"现实"冲突），以及在社会结构变动中，不同结构要素

对新闻职业的角色要求不同，之间的矛盾和冲突形成的角色认知认同危机（对应量化研究中的自我角色期待的"理想"与"现实"的断裂）。这三个面向的认知认同危机互相纠缠、互相应和，共同构成新闻职业认知认同危机。

由量化研究结果可知，新闻从业者的职业认知认同危机会进一步影响职业情感和职业行为认同危机，这一结论在质化研究中也得到佐证。在质性访谈资料中，虽然有关职业情感和职业行为认同危机的资料较少，但从业者也提及了相关内容。

第二，在危机的溯源图式上，结合问卷调查对新闻职业认知认同危机的研究结论，研究者认为，新闻职业认知认同危机产生的原因具有结构化特征。具体来讲：

（一）个体因素：新闻职业认知认同危机溯源图的内因层

新闻从业者个体为职业认知认同危机的直接承受者，其所拥有的职业技能等个体特征影响职业认知认同危机水平。职业能力全面者，危机感相对较弱，反之，则较强。此外，在职学习本应是伴随个体职业生涯的常规行为，但在技术日新月异的今天，在职学习节奏已远落后于知识技能迭代的速度，加剧职业认知认同危机。

（二）传媒组织与职业特征：新闻职业认知认同危机溯源图的外因——微观层

职业认知认同危机是个体心理状态，除个体因素外，其他皆为外因。在众多外因中，与新闻职业认知认同危机关系最密切的一个结构为传媒组织。中国人习惯将自己所供职的组织称为"单位"，"您是哪个单位的？"这句再普通不过的问候透露出从业者与所供职组织间微妙的亲密关系。传媒组织不仅向从业者提供薪资报酬，还提供晋升空间；不仅提供职业荣誉，还提供社会身份与地位。新闻从业者依据传媒组织所制定的规章制度获得上述回报。制度可以实现相对公平，但金字塔式的组织结构设计、重量轻质的激励机制、双轨制用工制度等会对从业者的职业认同产生负面影响，导致认同危机的产生。同时，随时出击、节奏紧张的新闻职业特征也使从业者难以放松，甚至影响从业者身体健康。传媒组织和职业特征因素构成从业者的微观职业环境，影响从业者的职业认知认同危机。

（三）受众与竞争者：新闻职业认知认同危机溯源图的外因——中观层

在"二元产品"市场中，受众虽与传媒组织缺乏直接的价格连接机制，但却可以借助"是否注意"将自身对信息的偏好传导给传媒组织，进而借助传媒组织中的采编"常规"和激励机制等传导给新闻从业者。新闻从业者亦需借助受众对作品的积极反应（接触、参与、转发讨论等）找寻职业价值。从现实来看，新闻从业者发现一些受众越来越难以琢磨、难以挽留甚至越来越粗陋，他们热衷于浅表、娱乐、感性、真假难辨的信息，很好地诠释着"媒介即按摩"的观点，[①] 从业者苦心撰写的作品难以得到积极的回应，这使得新闻从业者就像面对寥落观众的"露天艺人"，落寞、尴尬甚至隐隐有些不满。

受众/用户的流失在很大程度上缘于互联网企业的竞争。但是互联网企业竞争的不仅是受众/用户，还包括广告、艺人、社会影响力等其他资源，传统媒体社会资源的流失令从业者感到社会地位、职业成就感和荣誉感大不如前。

受众/用户与竞争者作为新闻职业认知认同危机溯源图的外因－中观层，既作用于传媒组织的决策，进而传导至新闻从业者个体，又处于更大的圈层结构中，受更大圈层结构的塑造。

---

① 马歇尔·麦克卢汉、昆廷·菲奥里、杰罗姆·阿吉尔著，何道宽译：《媒介即按摩：麦克卢汉媒介效应一览》，机械工业出版社 2016 年版。

（四）政府、技术、资本：新闻职业认知认同危机溯源图的外因——宏观层。

首先，传统媒体"事业单位，企业化管理"的定位使政府规制对传媒发展具有举足轻重的作用。某些地方政府对传媒报道回应的不当与乏力，也导致从业者产生无力感与不义感，造成价值认知认同危机。

其次，技术因素不仅冲击新闻从业者原有的实践原则和知识结构，形成专业认知认同危机，也重塑竞争格局。竞争优势的此消彼长引发传统媒体资源流失，进而影响从业者对职业价值的感知。

最后，资本对传媒组织"营利者"的角色要求可能与从业者自身角色期待相背离，产生角色认知认同危机。资本作为一种通约的生产要素，追捧效率更高的新媒体技术，进一步颠覆传统媒体竞争优势，间接影响从业者对职业价值的感知。

总的来看，新闻职业认知认同危机虽最终体现为个体心理状态，受个体所具有的职业技能的影响，但由于个体从来都是结构中的个体，因此，还需将个体还原到层层结构中去溯源新闻职业认知认同危机。在微观、中观、宏观三个外因圈层中，传媒组织、受众、竞争者、政府、资本等因素并不是建构新闻职业认知认同的新因素，但互联网技术却将上述因素对建构职业认知认同的负面影响推至显著位置，造成普遍的新闻职业认知认同危机。互联网技术变革导致的新闻行业整体式微构成了当今新闻职业认知认同危机的主要语境。

整体溯源图式如图 7 所示。

总的来看，新闻从业者是新闻职业认知认同危机最深切、最直接的承受者。在个体层面，作为一种本能反应，新闻从业者会通过一系列的心理行为机制消解危机，包括"传统媒体—新媒体边界界定""新闻职业去圣化""平衡多重角色"等。但由于造成新闻从业者职业认知认同危机的原因在很大程度上源于传媒组织、政府等社会体系，因此，消解新闻职业认知认同危机的权限并未完全掌控在新闻从业者个体手中，新

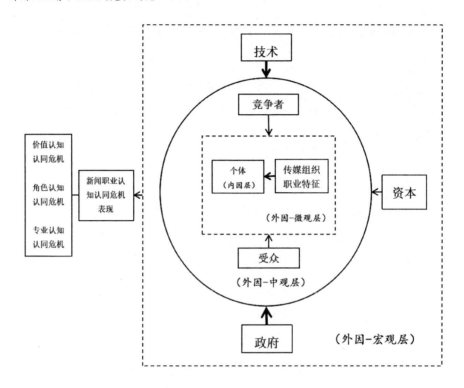

图7 新闻职业认知认同危机溯源图式

闻从业者摆脱职业认同危机、重建平衡的努力还有赖于各相关方的配合：就政府而言，应致力于真正解决新闻报道的问题；就传媒组织而言，需改善内部激励机制、用工制度，完善职业培训，加强互联网渠道平台建设；就互联网资讯平台而言，在进行个性化新闻推送时，应丰富算法取值，注重新闻的社会价值和重要性，借助技术手段事先核查，避免"媚俗"信息的过度泛滥；就新闻教育机构而言，需注重全媒体教育，培养学生的数字技能和事实核查能力；就监督机制而言，针对"违背职业道德"的现象，应建立健全监督约束机制。

附录篇

附录1 新闻职业认同调查问卷
（新闻院校在校生版）

您好！此问卷约占用您10分钟时间。本调查完全匿名，数据仅用于学术研究，绝不会泄露您的个人信息。回答无对错之分，请您根据实际情况如实填答全部问题。衷心感谢您的支持与配合！

新闻从业者职业认同研究课题组

注：如没有特别说明，题目即为单选题，请在您要选择的选项后的方框（□）打"√"。

第一部分：您的基本信息

1. 您的性别：A 男□　B 女□

2. 您的年龄：_____岁

3. 您的受教育程度：

A 大一□　B 大二□　C 大三□　D 大四□　E 研一□　F 研二□

4. 您目前所学的专业为：

A 新闻学□　B 传播学□　C 广播电视学□　D 广告学□

E 新闻－法学□　F 新闻－国际政治□　G 新闻国防班□

H 网络与新媒体□　I 传媒经济学□

J 新闻与传播学专业硕士□

K 其他□（"大一学生"若未分班，请填此选项）

5. 迄今为止您接受新闻传播专业训练（包括参加小记者等培养、在校学习及在新闻单位任职）的时长约为：

A 从未受训□　B 1~2 年□　C 3~4 年□　D 5~6 年□

E 7~8 年□　F 9 年及 9 年以上□

6. 新闻传播专业是否为您高考所填报的志愿？

A 是□　B 否□

7. 您读大学前的家庭所在地为：

A 直辖市或省会城市□　B 地市级城市□

C 县城□　D 乡镇□　E 农村□

8. 您是否有在媒体实习的经历？

A 有□　B 没有□（直接跳至"第14题"）

9. 请问您实习的传媒机构类型有：（多选题）

A 报纸□　B 期刊□　C 电视台□　D 广播电台□　E 出版社□

F 通讯社□　G 互联网□　H 广告公关类传播服务公司□

I 其他□

10. 请问您实习媒体的行政级别包括：（多选题）

A 中央级媒体□　B 省级媒体□　C 地市级媒体□

D 县级媒体□　E 商业媒体，无行政级别□

F 不知道行政级别□

11. 请问您实习的主要岗位类别包括：（多选题）

A 记者类□　B 编辑/编导/文案类□　C 经营类□

D 技术/美工类□　E 其他□

12. 到目前为止，您在媒体实习的总时长约为几个月：＿＿＿＿个月（请填写整数）。

13. 到目前为止，您对实习的满意度如何？

A 非常不满意□　B 比较不满意□　C 一般□　D 比较满意□

E 非常满意□

14. 您是否有在媒体从业的经历？

A 有□　B 没有□（直接跳至"第20题"作答）

15. 请问您就职的传媒机构类型有：（多选题）

A 报纸□　B 期刊□　C 电视台□　D 广播电台□　E 出版社□

F 通讯社□　G 互联网□　H 广告公关类传播服务公司□

I 其他□

16. 请问您就职媒体的行政级别包括：（多选题）

A 中央级媒体□　B 省级媒体□　C 地市级媒体□

D 县级媒体□　E 商业媒体，无行政级别□

F 不知道行政级别□

17. 请问您就职的主要岗位类别包括：（多选题）

A 记者类□　B 编辑/编导/文案类□　C 经营类□

D 技术/美工类□　E 其他□

18. 到目前为止，您在媒体的从业总时长约为_____个月（请填写整数）。

19. 到目前为止，您对所经历的媒体工作的满意度如何？

A 非常不满意□　B 比较不满意□　C 一般□　D 比较满意□

E 非常满意□

第二部分：您对新闻职业的认知认同状况

20. 请根据您对下列有关新闻职业应具备社会价值表述的认同程度，勾选相应选项。（1 = 非常不认同，5 = 非常认同"）

		非常不认同	比较不认同	一般	比较认同	非常认同
A	迅速准确地报道国内外新闻	1□	2□	3□	4□	5□
B	帮助公众了解党和政府的政策	1□	2□	3□	4□	5□
C	对公众关注的社会话题提供分析和阐释	1□	2□	3□	4□	5□
D	质疑并批评政府官员	1□	2□	3□	4□	5□
E	质疑并批评社会团体	1□	2□	3□	4□	5□
F	为公众提供文化休闲和娱乐	1□	2□	3□	4□	5□
G	为公众提供感兴趣的信息	1□	2□	3□	4□	5□
H	提高公众的文化知识水平	1□	2□	3□	4□	5□
I	作为党和政府的喉舌	1□	2□	3□	4□	5□
J	宣传党和政府的政策、文件等	1□	2□	3□	4□	5□
K	正确影响和引导社会舆论	1□	2□	3□	4□	5□

21. 请根据您对中国新闻业的整体观察，判断下列表述与中国新闻业实际所发挥社会价值的相符程度，并勾选相应选项。（1＝非常不相符，5＝非常相符）

		非常不相符	比较不相符	一般	比较相符	非常相符
A	迅速准确地报道国内外新闻	1□	2□	3□	4□	5□
B	帮助公众了解党和政府的政策	1□	2□	3□	4□	5□
C	对公众关注的社会话题提供分析和阐释	1□	2□	3□	4□	5□
D	质疑并批评政府官员	1□	2□	3□	4□	5□
E	质疑并批评社会团体	1□	2□	3□	4□	5□
F	为公众提供文化休闲和娱乐	1□	2□	3□	4□	5□

		非常不相符	比较不相符	一般	比较相符	非常相符
G	为公众提供感兴趣的信息	1☐	2☐	3☐	4☐	5☐
H	提高公众的文化知识水平	1☐	2☐	3☐	4☐	5☐
I	作为党和政府的喉舌	1☐	2☐	3☐	4☐	5☐
J	宣传党和政府的政策、文件等	1☐	2☐	3☐	4☐	5☐
K	正确影响和引导社会舆论	1☐	2☐	3☐	4☐	5☐

22. 请根据以下新闻媒体与您心目中理想媒体的接近程度，在相应数字旁做出选择。（1 = 非常远，5 = 非常接近）

		非常远	比较远	一般	比较接近	非常接近
A	英国 BBC	1☐	2☐	3☐	4☐	5☐
B	美国 CNN	1☐	2☐	3☐	4☐	5☐
C	纽约时报	1☐	2☐	3☐	4☐	5☐
D	凤凰卫视	1☐	2☐	3☐	4☐	5☐
E	中央电视台	1☐	2☐	3☐	4☐	5☐
F	人民日报	1☐	2☐	3☐	4☐	5☐
G	光明日报	1☐	2☐	3☐	4☐	5☐
H	网易新闻	1☐	2☐	3☐	4☐	5☐
I	新浪新闻	1☐	2☐	3☐	4☐	5☐
J	南方周末	1☐	2☐	3☐	4☐	5☐
K	新京报	1☐	2☐	3☐	4☐	5☐

23. 请根据您对中国社会现实的观察，判断下列新闻媒体与公众心目中理想媒体的接近程度。（1 = 非常远，5 = 非常近）

		非常远	比较远	一般	比较近	非常近
A	英国 BBC	1□	2□	3□	4□	5□
B	美国 CNN	1□	2□	3□	4□	5□
C	纽约时报	1□	2□	3□	4□	5□
D	凤凰卫视	1□	2□	3□	4□	5□
E	中央电视台	1□	2□	3□	4□	5□
F	人民日报	1□	2□	3□	4□	5□
G	光明日报	1□	2□	3□	4□	5□
H	网易新闻	1□	2□	3□	4□	5□
I	新浪新闻	1□	2□	3□	4□	5□
J	南方周末	1□	2□	3□	4□	5□
K	新京报	1□	2□	3□	4□	5□

24. 请根据您对下列职业社会地位高低的感知，勾选相应选项（1 = 非常低，5 = 非常高）

		非常低	比较低	一般	比较高	非常高
A	国家机关、企事业单位负责人	1□	2□	3□	4□	5□
B	医生	1□	2□	3□	4□	5□
C	律师	1□	2□	3□	4□	5□
D	教师	1□	2□	3□	4□	5□
E	军人	1□	2□	3□	4□	5□
F	警察	1□	2□	3□	4□	5□
G	IT 技术人员	1□	2□	3□	4□	5□
H	金融白领	1□	2□	3□	4□	5□
I	媒体采编人员	1□	2□	3□	4□	5□
J	企事业单位营销人员	1□	2□	3□	4□	5□

25. 根据您对周围人的观察，您认为在实际生活中，公众对下列职业社会地位高低的总体判断为：（1 = 非常低，5 = 非常高）

		非常低	比较低	一般	比较高	非常高
A	国家机关、企事业单位负责人	1□	2□	3□	4□	5□
B	医生	1□	2□	3□	4□	5□
C	律师	1□	2□	3□	4□	5□
D	大学教师	1□	2□	3□	4□	5□
E	中小学教师	1□	2□	3□	4□	5□
F	IT 技术人员	1□	2□	3□	4□	5□
G	金融白领	1□	2□	3□	4□	5□
H	媒体采编人员	1□	2□	3□	4□	5□
I	军人、警察	1□	2□	3□	4□	5□
J	企事业单位营销人员	1□	2□	3□	4□	5□

26. 请根据您对下列有关新闻从业者行为表述的认同程度在对应选项数字后打"√"。（1 = 非常不认同，5 = 非常认同）

		非常不认同	比较不认同	一般	比较认同	非常认同
A	在采访中不使用自己的真实身份	1□	2□	3□	4□	5□
B	在新闻调查过程中可以使用隐藏性录音录像设备	1□	2□	3□	4□	5□
C	在新闻报道中披露性侵犯罪案件受害者名字或过程细节	1□	2□	3□	4□	5□
D	接受被访单位或个人的招待用餐	1□	2□	3□	4□	5□

		非常不认同	比较不认同	一般	比较认同	非常认同
E	接受被访单位或个人的现金馈赠/礼品或礼券等	1□	2□	3□	4□	5□
F	为提高发行/收视/点击率而使用煽情化手法处理新闻标题/内容	1□	2□	3□	4□	5□
G	主动淡化不利于广告客户的负面新闻	1□	2□	3□	4□	5□
H	在政府机构兼职	1□	2□	3□	4□	5□
I	在其他企业兼职	1□	2□	3□	4□	5□

27. 根据您对现实生活中新闻从业者的观察，您认为新闻从业者实际采取下列行为的频率为：（1 = 从不，5 = 经常）

		从不	较少	一般	较多	经常
A	在采访中不使用自己的真实身份	1□	2□	3□	4□	5□
B	在新闻调查过程中可以使用隐藏性录音录像设备	1□	2□	3□	4□	5□
C	在新闻报道中披露性侵犯罪案件受害者名字或过程细节	1□	2□	3□	4□	5□
D	接受被访单位或个人的招待用餐	1□	2□	3□	4□	5□
E	接受被访单位或个人的现金馈赠/礼品或礼券等	1□	2□	3□	4□	5□

		从不	较少	一般	较多	经常
F	为提高发行/收视/点击率而使用煽情化手法处理新闻标题/内容	1□	2□	3□	4□	5□
G	主动淡化不利于广告客户的负面新闻	1□	2□	3□	4□	5□
H	在政府机构兼职	1□	2□	3□	4□	5□
I	在其他企业兼职	1□	2□	3□	4□	5□

28. 您认为下列专业素养对新闻职业来讲重要程度如何？（1 = 非常不重要，5 = 非常重要）

		非常不重要	比较不重要	一般	比较重要	非常重要
A	争抢时效	1□	2□	3□	4□	5□
B	事实准确	1□	2□	3□	4□	5□
C	报道客观	1□	2□	3□	4□	5□
D	详细完整	1□	2□	3□	4□	5□
E	保持公正	1□	2□	3□	4□	5□
F	维护公众知情权利	1□	2□	3□	4□	5□
G	推动社会改革	1□	2□	3□	4□	5□
H	重视公众意见	1□	2□	3□	4□	5□

29. 根据您对现实生活中新闻从业者的观察，您认为在实际工作中，整体而言新闻从业者对下列新闻报道专业素养的重视程度如何？（1 = 非常不重视，5 = 非常重视）

		非常不重视	比较不重视	一般	比较重视	非常重视
A	争抢时效	1□	2□	3□	4□	5□
B	事实准确	1□	2□	3□	4□	5□
C	报道客观	1□	2□	3□	4□	5□
D	详细完整	1□	2□	3□	4□	5□
E	保持公正	1□	2□	3□	4□	5□
F	维护公众知情权利	1□	2□	3□	4□	5□
G	推动社会改革	1□	2□	3□	4□	5□
H	重视公众意见	1□	2□	3□	4□	5□

30. 对下列有关新闻职业应能满足从业者个体需求的描述，您的认同程度如何？（1＝非常不认同，5＝非常认同）

		非常不认同	比较不认同	一般	比较认同	非常认同
A	新闻职业应能提供令人满意的薪酬收入水平	1□	2□	3□	4□	5□
B	新闻职业应能提供令人满意的其他福利（如免费的工作餐、门票等）	1□	2□	3□	4□	5□
C	新闻职业应能提供良好的工作环境硬件条件（办公设施齐备、整洁完善等）	1□	2□	3□	4□	5□
D	新闻职业应有较强的稳定性和保障性	1□	2□	3□	4□	5□
E	新闻职业危险性低	1□	2□	3□	4□	5□
G	新闻职业应能提供与各种社会人士打交道的机会	1□	2□	3□	4□	5□

		非常不认同	比较不认同	一般	比较认同	非常认同
H	新闻职业应能提供相对宽松的上下级关系	1□	2□	3□	4□	5□
I	新闻职业应能提供良好的同事关系	1□	2□	3□	4□	5□
J	新闻职业应能让从业者获得他人尊重	1□	2□	3□	4□	5□
K	新闻职业应能让从业者具有较高的社会地位	1□	2□	3□	4□	5□
L	新闻职业应具有较高的工作自主性（如时间自由、自我决定工作程序与内容等）	1□	2□	3□	4□	5□
M	新闻职业应能给从业者提供不断进步的机会	1□	2□	3□	4□	5□
N	新闻职业应能给从业者提供成就感	1□	2□	3□	4□	5□
O	新闻职业应能帮助从业者实现自己的人生价值	1□	2□	3□	4□	5□

31. 根据您对传媒业的观察，您对当今新闻职业实际上能够满足从业者个体需求的认同程度如何？（1＝非常不认同，5＝非常认同）

		非常不认同	比较不认同	一般	比较认同	非常认同
A	新闻职业提供了令人满意的薪酬收入水平	1□	2□	3□	4□	5□

		非常不认同	比较不认同	一般	比较认同	非常认同
B	新闻职业提供了令人满意的其他福利（如免费的工作餐、门票等）	1☐	2☐	3☐	4☐	5☐
C	新闻职业提供了良好的工作环境硬件条件（办公设施齐备、整洁完善等）	1☐	2☐	3☐	4☐	5☐
D	新闻职业有较强的稳定性和保障性	1☐	2☐	3☐	4☐	5☐
E	新闻职业危险性低	1☐	2☐	3☐	4☐	5☐
G	新闻职业提供了与各种社会人士打交道的机会	1☐	2☐	3☐	4☐	5☐
H	新闻职业提供了相对宽松的上下级关系	1☐	2☐	3☐	4☐	5☐
I	新闻职业提供了良好的同事关系	1☐	2☐	3☐	4☐	5☐
J	新闻职业让从业者获得他人尊重	1☐	2☐	3☐	4☐	5☐
K	新闻职业让从业者具有较高的社会地位	1☐	2☐	3☐	4☐	5☐
L	新闻职业具有较高的工作自主性（如时间自由、自我决定工作程序与内容等）	1☐	2☐	3☐	4☐	5☐
M	新闻职业能够给从业者提供不断进步的机会	1☐	2☐	3☐	4☐	5☐
N	新闻职业能够给从业者带来较高的成就感	1☐	2☐	3☐	4☐	5☐
O	新闻职业能够帮助从业者实现人生价值	1☐	2☐	3☐	4☐	5☐

32. 请根据您对下列有关新闻从业者应具备职业能力表述的认同程度，勾选相应选项。（1 = 非常不认同，5 = 非常认同）

		非常不认同	比较不认同	一般	比较认同	非常认同
A	信息整合能力	1□	2□	3□	4□	5□
B	写作与文字编辑能力	1□	2□	3□	4□	5□
C	新闻价值判断能力	1□	2□	3□	4□	5□
D	图片拍摄与编辑能力	1□	2□	3□	4□	5□
E	视频记录与编辑能力	1□	2□	3□	4□	5□
F	音频记录与编辑能力	1□	2□	3□	4□	5□
G	掌握某一领域专门知识的能力	1□	2□	3□	4□	5□
H	外语能力	1□	2□	3□	4□	5□
I	与受众/用户互动的能力	1□	2□	3□	4□	5□
J	信息可视化的能力	1□	2□	3□	4□	5□
K	数据估计与分析能力	1□	2□	3□	4□	5□
L	计算机编程能力	1□	2□	3□	4□	5□
M	运用 HTML 语言能力	1□	2□	3□	4□	5□

33. 根据您的观察，您认为下列表述与新闻从业者实际所具备职业能力的相符程度如何？（1 = 非常不符合，5 = 非常符合）

		非常不符合	比较不符合	一般	比较符合	非常符合
A	良好的信息整合能力	1□	2□	3□	4□	5□
B	良好的写作与文字编辑能力	1□	2□	3□	4□	5□
C	较强的新闻价值判断能力	1□	2□	3□	4□	5□
D	较强的图片拍摄与编辑能力	1□	2□	3□	4□	5□
E	较强的视频记录与编辑能力	1□	2□	3□	4□	5□

续表

		非常不符合	比较不符合	一般	比较符合	非常符合
F	较强的音频记录与编辑能力	1☐	2☐	3☐	4☐	5☐
G	某一领域的专门知识	1☐	2☐	3☐	4☐	5☐
H	较强的外语能力	1☐	2☐	3☐	4☐	5☐
I	与受众/用户互动的能力	1☐	2☐	3☐	4☐	5☐
J	较强的信息可视化能力	1☐	2☐	3☐	4☐	5☐
K	较强的数据估计与分析能力	1☐	2☐	3☐	4☐	5☐
L	较强的计算机编程能力	1☐	2☐	3☐	4☐	5☐
M	熟练运用 HTML 语言的能力	1☐	2☐	3☐	4☐	5☐

第三部分：您对新闻职业的情感认同状况

34. 请根据您对下列情感表述的认同程度，勾选相应选项。（1 = 非常不认同，5 = 非常认同）

		非常不认同	比较不认同	一般	比较认同	非常认同
A	我非常热爱新闻职业	1☐	2☐	3☐	4☐	5☐
B	我对于新闻职业充满热情	1☐	2☐	3☐	4☐	5☐
C	我觉得新闻职业是一份神圣而光荣的工作	1☐	2☐	3☐	4☐	5☐
D	我总是很自豪地向别人表示我来自新闻专业	1☐	2☐	3☐	4☐	5☐
E	我非常崇拜从事新闻职业的人	1☐	2☐	3☐	4☐	5☐
F	当我看到或听到别人积极评价新闻职业时，总是感到十分欣慰	1☐	2☐	3☐	4☐	5☐

续表

		非常不认同	比较不认同	一般	比较认同	非常认同
G	当别人对新闻职业做出消极评价时，我总是感到十分难受	1□	2□	3□	4□	5□
H	我一直很庆幸当年选择了新闻专业而非其他专业	1□	2□	3□	4□	5□
I	我愿意为了新闻职业的发展而付出自己的努力	1□	2□	3□	4□	5□

35. 请基于您对现实的观察，根据您对下列新闻业相关人士（"他们"）职业情感表述的认同程度，勾选相应选项。（1 = 非常不认同，5 = 非常认同）

		非常不认同	比较不认同	一般	比较认同	非常认同
A	他们非常热爱新闻职业	1□	2□	3□	4□	5□
B	他们对于新闻职业充满热情	1□	2□	3□	4□	5□
C	他们觉得新闻职业是一份神圣而光荣的工作	1□	2□	3□	4□	5□
D	他们总是很自豪地向别人表示自己来自新闻专业	1□	2□	3□	4□	5□
E	他们非常崇拜从事新闻职业的人	1□	2□	3□	4□	5□
F	当他们看到或听到别人积极评价新闻职业时，总是感到十分欣慰	1□	2□	3□	4□	5□
G	当别人对新闻职业做出消极评价时，他们总是感到十分难受	1□	2□	3□	4□	5□

续表

		非常不认同	比较不认同	一般	比较认同	非常认同
H	他们一直很庆幸当年选择了新闻专业而非其他专业	1□	2□	3□	4□	5□
I	他们愿意为了新闻职业的发展而付出自己的努力	1□	2□	3□	4□	5□

第四部分：您对新闻职业的行为认同状况

36. 请根据您对下列新闻职业行为意愿/行为状况描述的认同程度，勾选相应选项。（1＝非常不认同，5＝非常认同）

		非常不认同	比较不认同	一般	比较认同	非常认同
A	目前新闻专业是最适合我的	1□	2□	3□	4□	5□
B	毕业后，我首选新闻职业	1□	2□	3□	4□	5□
C	未来我愿意长期从事新闻职业工作	1□	2□	3□	4□	5□
D	我总是准时参加专业课的学习	1□	2□	3□	4□	5□
E	我总是认真完成专业课老师布置的作业	1□	2□	3□	4□	5□
F	我总是积极参加一些与新闻专业相关的组织或活动	1□	2□	3□	4□	5□
G	除上课时间外，我总是会花大量时间学习新闻领域的专业知识	1□	2□	3□	4□	5□

37. 根据您的观察，您周围的新闻专业同学对下列表述的认同程度如何？（1＝非常不认同，5＝非常认同）

		非常不认同	比较不认同	一般	比较认同	非常认同
A	目前新闻专业是最适合我的	1□	2□	3□	4□	5□
B	毕业后，我首选新闻职业	1□	2□	3□	4□	5□
C	未来我愿意长期从事新闻职业工作	1□	2□	3□	4□	5□
D	我总是准时参加专业课的学习	1□	2□	3□	4□	5□
E	我总是认真完成专业课老师布置的作业	1□	2□	3□	4□	5□
F	我总是积极参加一些与新闻专业相关的组织或活动	1□	2□	3□	4□	5□
G	除上课时间外，我总是会花大量时间学习新闻领域的专业知识	1□	2□	3□	4□	5□

问卷到此结束，非常感谢您的认真填答！祝您学习工作生活一切顺利！

附录2　新闻从业者职业认同调查问卷

您好！此问卷约占用您10分钟时间。本调查完全匿名，数据仅用于学术研究，绝不会泄露您的个人信息。回答无对错之分，请您根据实际情况如实填答全部问题。衷心感谢您的支持与配合！

新闻从业者职业认同研究课题组

注：如没有特别说明，题目即为单选题，请在您要选择的选项后的方框（□）打"√"。

第一部分：您的基本信息

1. 您的性别：A 男□   B 女□

2. 您的年龄：_____岁

3. 您的受教育程度：

A 高中及以下□   B 大学专科□   C 大学本科□   D 硕士□   E 博士□

4. 您在大学教育的不同阶段所主修的专业是：

□本科/专科	A 新闻传播类□ B 中文外语类 C 其他人文社科类□ D 理工农医类□ E 其他□
□硕士	A 新闻传播类□ B 中文外语类 C 其他人文社科类□ D 理工农医类□ E 其他□
□博士	A 新闻传播类□ B 中文外语类 C 其他人文社科类□ D 理工农医类□ E 其他□

5. 您的婚姻家庭状况：

A 未婚□   B 有婚史无子女□   C 有婚史有子女□

6. 您目前工作单位所在的区域为：

A 东北□   B 华北□   C 华东□   D 华中□   E 华南□

F 西北□   G 西南□

7. 您的住房条件：

A 自购房（无贷款）□   B 自购房（有贷款）□   C 租房□

D 单位宿舍□   E 家人亲友房□   F 其他□

8. 目前您每月平均能从单位获得的正式报酬（税后包括工资、奖金和稿费，再加上年终奖摊平到每月）约为多少元？

A 3 999 以下□   B 4 000～5 999□   C 6 000～7 999□

D 8 000～9 999□   E 10 000～11 999□   F 12 000～13 999□

G 14 000 ~ 15 999□　　H 16 000 ~ 17 999□

I 18 000 ~ 19 999□　　J 20 000 以上□

9. 目前您每月平均能从传媒工作获得的灰色收入（车马费等）约为多少元？

A 无□　　B 1 ~ 999□　　C 1 000 ~ 1 999□　　D 2 000 ~ 2 999□

E 3 000 ~ 3 999□　　F 4 000 ~ 4 999□　　G 5 000 ~ 5 999□

H 6 000 ~ 6 999□　　I 7 000 以上□

10. 目前您与所在单位的人事关系属于：

A 事业编制□　　B 劳动合同制□　　C 劳务派遣制□　　D 临时工□

E 其他（请注明）：＿＿＿＿＿＿＿＿＿

11. 迄今为止您接受新闻传播专业训练的时长是：

A 从未受训□　　B 1 ~ 2 年□　　C 3 ~ 4 年□　　D 5 ~ 6 年□

E 7 ~ 8 年□　　F 9 年及 9 年以上□

12. 到目前为止，您在媒体的从业总时长为：

A 0 ~ 2 年□　　B 3 ~ 4 年□　　C 5 ~ 6 年□　　D 7 ~ 8 年□

E 9 ~ 10 年□　　F 11 年及 11 年以上□

13. 请问您就职的传媒机构类型有：（多选题）

A 报纸□　　B 期刊□　　C 电视台□　　D 广播电台□　　E 出版社□

F 通讯社□　　G 互联网□　　H 广告公关类传播服务公司□

I 其他□

14. 请问您就职媒体的行政级别包括：（多选题）

A 中央级媒体□　　B 省级媒体□　　C 地市级媒体□

D 县级媒体□　　E 商业媒体，无行政级别□

F 不知道行政级别□

15. 请问您就职的主要岗位类别包括：（多选题）

A 记者类□　　B 编辑/编导/文案类□　　C 经营类□

D 技术/美工类□　　E 其他□

16. 到目前为止，您对所经历的媒体工作的满意度如何？

A 非常不满意□　B 比较不满意□　C 一般□

D 比较满意□　E 非常满意□

第二部分：您对新闻职业的认知认同状况

17. 请根据您对下列有关新闻职业应具备社会价值表述的认同程度，勾选相应选项。（1 = 非常不认同，5 = 非常认同）

		非常不认同	比较不认同	一般	比较认同	非常认同
A	迅速准确地报道国内外新闻	1□	2□	3□	4□	5□
B	帮助公众了解党和政府的政策	1□	2□	3□	4□	5□
C	对公众关注的社会话题提供分析和阐释	1□	2□	3□	4□	5□
D	质疑并批评政府官员	1□	2□	3□	4□	5□
E	质疑并批评社会团体	1□	2□	3□	4□	5□
F	为公众提供文化休闲和娱乐	1□	2□	3□	4□	5□
G	为公众提供感兴趣的信息	1□	2□	3□	4□	5□
H	提高公众的文化知识水平	1□	2□	3□	4□	5□
I	作为党和政府的喉舌	1□	2□	3□	4□	5□
J	宣传党和政府的政策、文件等	1□	2□	3□	4□	5□
K	影响和引导社会舆论	1□	2□	3□	4□	5□

18. 请根据您对中国新闻业的整体观察，判断下列表述与中国新闻业实际所发挥社会价值的相符程度，并勾选相应选项。（1 = 非常不相符，5 = 非常相符）

		非常不相符	比较不相符	一般	比较相符	非常相符
A	迅速准确地报道国内外新闻	1□	2□	3□	4□	5□
B	帮助公众了解党和政府的政策	1□	2□	3□	4□	5□
C	对公众关注的社会话题提供分析和阐释	1□	2□	3□	4□	5□
D	质疑并批评政府官员	1□	2□	3□	4□	5□
E	质疑并批评社会团体	1□	2□	3□	4□	5□
F	为公众提供文化休闲和娱乐	1□	2□	3□	4□	5□
G	为公众提供感兴趣的信息	1□	2□	3□	4□	5□
H	提高公众的文化知识水平	1□	2□	3□	4□	5□
I	作为党和政府的喉舌	1□	2□	3□	4□	5□
J	宣传党和政府的政策、文件等	1□	2□	3□	4□	5□
K	影响和引导社会舆论	1□	2□	3□	4□	5□

19. 请根据以下新闻媒体与您心目中理想媒体的接近程度，在相应数字旁做出选择。（1 = 非常远，5 = 非常接近）

		非常远	比较远	一般	比较接近	非常接近
A	英国 BBC	1□	2□	3□	4□	5□
B	美国 CNN	1□	2□	3□	4□	5□
C	纽约时报	1□	2□	3□	4□	5□
D	凤凰卫视	1□	2□	3□	4□	5□
E	中央电视台	1□	2□	3□	4□	5□
F	人民日报	1□	2□	3□	4□	5□
G	光明日报	1□	2□	3□	4□	5□
H	新浪新闻	1□	2□	3□	4□	5□
I	腾讯新闻	1□	2□	3□	4□	5□

		非常远	比较远	一般	比较接近	非常接近
J	南方周末	1□	2□	3□	4□	5□
K	新京报	1□	2□	3□	4□	5□
L	今日头条	1□	2□	3□	4□	5□
M	澎湃新闻	1□	2□	3□	4□	5□

20. 请根据您对中国社会现实的观察，判断下列新闻媒体在中国社会获取资源的难易程度（如采访资源和传播能力等）如何。(1＝非常困难，5＝非常简单)

		非常困难	比较困难	一般	比较简单	非常简单
A	英国 BBC	1□	2□	3□	4□	5□
B	美国 CNN	1□	2□	3□	4□	5□
C	纽约时报	1□	2□	3□	4□	5□
D	凤凰卫视	1□	2□	3□	4□	5□
E	中央电视台	1□	2□	3□	4□	5□
F	人民日报	1□	2□	3□	4□	5□
G	光明日报	1□	2□	3□	4□	5□
H	新浪新闻	1□	2□	3□	4□	5□
I	腾讯新闻	1□	2□	3□	4□	5□
J	南方周末	1□	2□	3□	4□	5□
K	新京报	1□	2□	3□	4□	5□
L	今日头条	1□	2□	3□	4□	5□
M	澎湃新闻	1□	2□	3□	4□	5□

21. 请根据您对下列有关新闻从业者行为表述的认同程度在对应选项数字后打"√"。(1＝非常不认同，5＝非常认同)

		非常不认同	比较不认同	一般	比较认同	非常认同
A	在采访过程中可以隐藏自己的真实身份	1□	2□	3□	4□	5□
B	在新闻调查过程中可以使用隐藏性录音录像设备	1□	2□	3□	4□	5□
C	在新闻报道中披露性侵犯罪案件受害者名字或过程细节	1□	2□	3□	4□	5□
D	接受被访单位或个人的招待用餐	1□	2□	3□	4□	5□
E	接受被访单位或个人的现金馈赠/礼品或礼券等	1□	2□	3□	4□	5□
F	为提高发行/收视/点击率而使用煽情化手法处理新闻标题/内容	1□	2□	3□	4□	5□
G	主动淡化不利于广告客户的负面新闻	1□	2□	3□	4□	5□
H	在政府机构兼职	1□	2□	3□	4□	5□
I	在其他企业兼职	1□	2□	3□	4□	5□

22. 根据您对现实生活中新闻从业者的观察，您认为下列行为的实际发生频率为：（1 = 从不，5 = 经常）

		从不	较少	一般	较多	经常
A	在采访过程中隐藏自己的真实身份	1□	2□	3□	4□	5□
B	在新闻调查过程中使用隐藏性录音录像设备	1□	2□	3□	4□	5□

		从不	较少	一般	较多	经常
C	在新闻报道中披露性侵犯罪案件受害者名字或过程细节	1□	2□	3□	4□	5□
D	接受被访单位或个人的招待用餐	1□	2□	3□	4□	5□
E	接受被访单位或个人的现金馈赠/礼品或礼券等	1□	2□	3□	4□	5□
F	为提高发行/收视/点击率而使用煽情化手法处理新闻标题/内容	1□	2□	3□	4□	5□
G	主动淡化不利于广告客户的负面新闻	1□	2□	3□	4□	5□
H	在政府机构兼职	1□	2□	3□	4□	5□
I	在其他企业兼职	1□	2□	3□	4□	5□

23. 您认为下列专业素养对新闻职业来讲重要程度如何？（1＝非常不重要，5＝非常重要）

		非常不重要	比较不重要	一般	比较重要	非常重要
A	时效性强	1□	2□	3□	4□	5□
B	事实准确	1□	2□	3□	4□	5□
C	报道客观	1□	2□	3□	4□	5□
D	详细完整	1□	2□	3□	4□	5□
E	保持公正	1□	2□	3□	4□	5□
F	维护公众知情权利	1□	2□	3□	4□	5□
G	推动社会改革	1□	2□	3□	4□	5□
H	重视公众意见	1□	2□	3□	4□	5□

24. 根据您对现实生活的观察，您认为目前我国新闻报道所体现的专业素养程度如何？（1 = 非常差，5 = 非常好）

		非常差	比较差	一般	比较好	非常好
A	时效性强	1□	2□	3□	4□	5□
B	事实准确	1□	2□	3□	4□	5□
C	报道客观	1□	2□	3□	4□	5□
D	详细完整	1□	2□	3□	4□	5□
E	保持公正	1□	2□	3□	4□	5□
F	维护公众知情权利	1□	2□	3□	4□	5□
G	推动社会改革	1□	2□	3□	4□	5□
H	重视公众意见	1□	2□	3□	4□	5□

25. 对下列有关新闻职业应能满足从业者个体需求的描述，您的认同程度如何？（1 = 非常不认同，5 = 非常认同）

		非常不认同	比较不认同	一般	比较认同	非常认同
A	新闻职业应能提供令人满意的薪酬收入水平	1□	2□	3□	4□	5□
B	新闻职业应能提供令人满意的其他福利（如免费的工作餐、门票等）	1□	2□	3□	4□	5□
C	新闻职业应能提供良好的工作环境硬件条件（办公设施齐备、整洁完善等）	1□	2□	3□	4□	5□
D	新闻职业应有较强的稳定性和保障性	1□	2□	3□	4□	5□

		非常不认同	比较不认同	一般	比较认同	非常认同
E	新闻职业应具有较低的危险性	1□	2□	3□	4□	5□
F	新闻职业应具有较低的劳动工作强度	1□	2□	3□	4□	5□
G	新闻职业应能提供与各种社会人士打交道的机会	1□	2□	3□	4□	5□
H	新闻职业应能提供相对宽松的上下级关系	1□	2□	3□	4□	5□
I	新闻职业应能提供良好的同事关系	1□	2□	3□	4□	5□
J	新闻职业应能让从业者具有较高的社会地位	1□	2□	3□	4□	5□
K	新闻职业应具有较高的工作自主性（如时间自由、自我决定工作程序与内容等）	1□	2□	3□	4□	5□
L	新闻职业应能给从业者提供不断进步的机会	1□	2□	3□	4□	5□
M	新闻职业应能给从业者提供成就感	1□	2□	3□	4□	5□
N	新闻职业应能帮助从业者实现自己的人生价值	1□	2□	3□	4□	5□

26. 根据您的日常工作经验，您认为新闻职业实际满足您的个体需求程度如何？（1 = 非常不符合，5 = 非常符合）

		非常不符合	比较不符合	一般	比较符合	非常符合
A	新闻职业提供了令人满意的薪酬收入水平	1□	2□	3□	4□	5□
B	新闻职业提供了令人满意的其他福利（如免费的工作餐、门票等）	1□	2□	3□	4□	5□
C	新闻职业提供了良好的工作环境硬件条件（办公设施齐备、整洁完善等）	1□	2□	3□	4□	5□
D	新闻职业有较强的稳定性和保障性	1□	2□	3□	4□	5□
E	新闻职业具有较低的危险性	1□	2□	3□	4□	5□
F	新闻职业具有较低的劳动工作强度	1□	2□	3□	4□	5□
G	新闻职业提供了与各种社会人士打交道的机会	1□	2□	3□	4□	5□
H	新闻职业提供了相对宽松的上下级关系	1□	2□	3□	4□	5□
I	新闻职业提供了良好的同事关系	1□	2□	3□	4□	5□
J	新闻职业具有较高的社会地位	1□	2□	3□	4□	5□
K	新闻职业具有较高的工作自主性（如时间自由、自我决定工作程序与内容等）	1□	2□	3□	4□	5□
L	新闻职业能够给我提供不断进步的机会	1□	2□	3□	4□	5□
M	新闻职业能够给我带来较高的成就感	1□	2□	3□	4□	5□
N	新闻职业能够帮助我实现个人的人生价值	1□	2□	3□	4□	5□

27. 请根据您对下列有关新闻从业者应具备职业能力表述的认同程度，勾选相应选项。（1 = 非常不认同，5 = 非常认同）

		非常不认同	比较不认同	一般	比较认同	非常认同
A	信息整合能力	1☐	2☐	3☐	4☐	5☐
B	写作与文字编辑能力	1☐	2☐	3☐	4☐	5☐
C	新闻价值判断能力	1☐	2☐	3☐	4☐	5☐
D	图片拍摄与编辑能力	1☐	2☐	3☐	4☐	5☐
E	视频记录与编辑能力	1☐	2☐	3☐	4☐	5☐
F	音频记录与编辑能力	1☐	2☐	3☐	4☐	5☐
G	掌握某一领域专门知识的能力	1☐	2☐	3☐	4☐	5☐
H	较强的外语能力	1☐	2☐	3☐	4☐	5☐
I	与受众/用户互动的能力	1☐	2☐	3☐	4☐	5☐
J	信息可视化的能力	1☐	2☐	3☐	4☐	5☐
K	数据估计与分析能力	1☐	2☐	3☐	4☐	5☐
L	计算机编程能力	1☐	2☐	3☐	4☐	5☐
M	运用 HTML 语言能力	1☐	2☐	3☐	4☐	5☐

28. 结合您自身的情况，您认为自身所具备的新闻能力程度如何？（1 = "非常差"，5 = "非常好"）

		非常差	比较差	一般	比较好	非常好
A	信息整合能力	1☐	2☐	3☐	4☐	5☐
B	写作与文字编辑能力	1☐	2☐	3☐	4☐	5☐
C	新闻价值判断能力	1☐	2☐	3☐	4☐	5☐
D	图片拍摄与编辑能力	1☐	2☐	3☐	4☐	5☐

		非常差	比较差	一般	比较好	非常好
E	视频记录与编辑能力	1□	2□	3□	4□	5□
F	音频记录与编辑能力	1□	2□	3□	4□	5□
G	掌握某一领域专门知识的能力	1□	2□	3□	4□	5□
H	较强的外语能力	1□	2□	3□	4□	5□
I	与受众/用户互动的能力	1□	2□	3□	4□	5□
J	信息可视化的能力	1□	2□	3□	4□	5□
K	数据估计与分析能力	1□	2□	3□	4□	5□
L	计算机编程能力	1□	2□	3□	4□	5□
M	运用 HTML 语言能力	1□	2□	3□	4□	5□

第三部分：您对新闻职业的情感认同状况

29. 请根据您对新闻职业情感表述的认同程度，勾选相应选项。（1＝非常不认同，5＝非常认同）

		非常不认同	比较不认同	一般	比较认同	非常认同
A	我非常热爱新闻职业	1□	2□	3□	4□	5□
B	我对于新闻职业充满热情	1□	2□	3□	4□	5□
C	我觉得新闻职业是一份神圣而光荣的工作	1□	2□	3□	4□	5□
D	我为自己从事新闻职业感到很自豪	1□	2□	3□	4□	5□
E	我非常敬重从事新闻职业的人	1□	2□	3□	4□	5□
F	当我看到或听到别人积极评价新闻职业时，总是感到十分欣慰	1□	2□	3□	4□	5□

续表

		非常不认同	比较不认同	一般	比较认同	非常认同
G	当别人对新闻职业做出消极评价时，我总是感到十分难受	1□	2□	3□	4□	5□
H	当别人谈论有关新闻职业的话题时，我总是愿意参与其中	1□	2□	3□	4□	5□
I	我一直很庆幸当年进入了新闻职业而非其他职业	1□	2□	3□	4□	5□
J	我愿意为了新闻职业的发展而付出自己的努力	1□	2□	3□	4□	5□

30. 根据您对周围新闻业相关人士的观察，他们对下列职业情感的认同程度为：（1＝非常不认同，5＝非常认同）

		非常不认同	比较不认同	一般	比较认同	非常认同
A	他们非常热爱新闻职业	1□	2□	3□	4□	5□
B	他们对于新闻职业充满热情	1□	2□	3□	4□	5□
C	他们认为新闻职业是一份神圣而光荣的工作	1□	2□	3□	4□	5□
D	他们为自己从事新闻职业而感到很自豪	1□	2□	3□	4□	5□
E	他们非常敬重从事新闻职业的人	1□	2□	3□	4□	5□
F	当他们看到或听到别人积极评价新闻职业时，总是会感到十分欣慰	1□	2□	3□	4□	5□

		非常不认同	比较不认同	一般	比较认同	非常认同
G	当别人对新闻职业做出消极评价时，他们总是会感到十分难受	1□	2□	3□	4□	5□
H	当别人谈论有关新闻职业的话题时，他们非常愿意参与其中	1□	2□	3□	4□	5□
H	他们一直很庆幸当年进入了新闻职业而非其他职业	1□	2□	3□	4□	5□
I	他们愿意为了新闻职业的发展而付出自己的努力	1□	2□	3□	4□	5□

31. 请根据您对下列职业社会地位高低的感知，勾选相应选项。
（1 = 非常低，5 = 非常高）

		非常低	比较低	一般	比较高	非常高
A	国家机关、企事业单位负责人	1□	2□	3□	4□	5□
B	医生	1□	2□	3□	4□	5□
C	律师	1□	2□	3□	4□	5□
D	教师	1□	2□	3□	4□	5□
E	军人	1□	2□	3□	4□	5□
F	警察	1□	2□	3□	4□	5□
G	IT 技术人员	1□	2□	3□	4□	5□
H	金融白领	1□	2□	3□	4□	5□
I	媒体采编人员	1□	2□	3□	4□	5□
J	企事业单位营销人员	1□	2□	3□	4□	5□

32. 根据您对周围新闻业相关人士的观察，他们对下列职业社会地

位高低的总体判断为：（1 = 非常低，5 = 非常高）

		非常低	比较低	一般	比较高	非常高
A	国家机关、企事业单位负责人	1□	2□	3□	4□	5□
B	医生	1□	2□	3□	4□	5□
C	律师	1□	2□	3□	4□	5□
D	教师	1□	2□	3□	4□	5□
E	军人	1□	2□	3□	4□	5□
F	警察	1□	2□	3□	4□	5□
G	IT 技术人员	1□	2□	3□	4□	5□
H	金融白领	1□	2□	3□	4□	5□
I	媒体采编人员	1□	2□	3□	4□	5□
J	企事业单位营销人员	1□	2□	3□	4□	5□

第四部分：您对新闻职业的行为认同状况

33. 请根据您对下列新闻职业行为意愿/行为状况描述的认同程度，勾选相应选项。（1 = 非常不认同，5 = 非常认同）

		非常不认同	比较不认同	一般	比较认同	非常认同
A	相比其他职业，目前新闻职业是最适合我的	1□	2□	3□	4□	5□
B	我愿意未来长期从事新闻职业工作	1□	2□	3□	4□	5□
C	我能够按时完成新闻工作方面的任务	1□	2□	3□	4□	5□
D	我能够认真对待工作方面的相关事宜	1□	2□	3□	4□	5□

		非常不认同	比较不认同	一般	比较认同	非常认同
E	我总是要求自己严格遵守新闻职业的伦理规范	1☐	2☐	3☐	4☐	5☐
F	我经常参加一些与新闻职业相关的组织或活动	1☐	2☐	3☐	4☐	5☐
G	除上班时间外，我经常会花大量时间学习新闻领域的专业知识	1☐	2☐	3☐	4☐	5☐
H	我经常给一些新闻职业的年轻记者/编辑提供帮助或指导	1☐	2☐	3☐	4☐	5☐

34. 根据您对周围新闻业相关人士的观察，他们对下列新闻职业行为意愿/行为状况的认同程度为：（1＝非常不认同，5＝非常认同）

		非常不认同	比较不认同	一般	比较认同	非常认同
A	相比其他职业，他们认为目前新闻职业是最适合他们的	1☐	2☐	3☐	4☐	5☐
B	他们愿意未来长期从事新闻职业工作	1☐	2☐	3☐	4☐	5☐
C	他们能够按时完成新闻工作方面的任务	1☐	2☐	3☐	4☐	5☐
D	他们能够认真对待工作方面的相关事宜	1☐	2☐	3☐	4☐	5☐
E	他们总是要求自己严格遵守新闻职业的伦理规范	1☐	2☐	3☐	4☐	5☐

		非常不认同	比较不认同	一般	比较认同	非常认同
F	他们经常参加一些与新闻职业相关的组织或活动	1□	2□	3□	4□	5□
G	除上班时间外，他们经常会花大量时间学习新闻领域的专业知识	1□	2□	3□	4□	5□
H	他们经常给一些新闻职业的年轻记者/编辑提供帮助或指导	1□	2□	3□	4□	5□

问卷到此结束，非常感谢您的认真填答！祝您学习工作生活一切顺利！

后　记

这几日，一边对本书稿做最后的修改，一边关注持续刷屏的"疫苗事件"。

与 2010 年山西疫苗事件、2016 年山东疫苗事件及其他多起疫苗事件一样，以长春长生等公司为关键词的这次问题疫苗事件引发了整个社会普遍的焦虑、不安乃至愤怒，但这次事件与人们对此前同类事件的记忆迭加在一起，社会情绪中又多了一份失望与担忧。失望的是，站在船桥上的"瞭望者"曾经敲响警钟，但这警钟看似除了在人们脑海中留下一抹随着时间流逝越来越淡的"白色印痕"外，似乎并未促使社会职能部门真正排除疫苗系统中存在的安全风险；担忧的是，随着船桥"瞭望者"的日渐凋零，也许下一次灾难发生时，连警钟都无人敲响。一片沉默中，谁能确保自己和家人一直是那侥幸躲过各种社会风险的"幸运儿"……这令人细思极恐的担忧也正是激发我们当初开展本研究的诱因之一。

调查记者是船桥"瞭望者"中的"特种部队"，也是新闻从业者中颇具职业认同感的一群人。2011 张志安在《中国调查记者生态调查》中直言，"即使用最宽松的定义标准，全国调查记者也不过数百人"；而到 2017 年，据说张志安仅联系到 175 名调查记者；现在更有悲观者估计，全国调查记者也就只剩下几十人了。调查记者人数锐减实际上是新闻从业者职业认同危机的一个缩影。不管是"理想已死，我先撤了，兄弟们珍重"（简光洲）的告白，还是"为了人生不留遗憾，为了不在平媒大船沉没中跟着沉沦，我必须走出这关键的一步"（郎朗）的解释，背后都立着一位遭遇职业认同危机的新闻人。

离职是新闻从业者为摆脱职业认同危机所做出的最剧烈行动。套用马云对员工离开原因的解释，新闻从业者的离职简单来讲同样是要么"钱没给够"，要么"心委屈了"。"钱没给够"的直接原因在于技术变迁致使传统媒体原有商业模式几近崩溃，而新商业模式又迟迟难以建立；"心委屈了"的直接原因可能在于现今社会未给予新闻从业者足够的职业行动自由、职业荣誉与回报……

从技术迭代角度看，传统媒体的衰落无可避免，就像当年马车公司必须让位给汽车公司一样。但是新闻从业者真正需要的并非传统媒体，而是一份"凭过硬的新闻报道专业素养、凭满腔为民众鼓与呼的专业精神"便可获得足够物质回报与精神回报的职业，一方足以让其施展新闻抱负、追求新闻理想的平台。这个职业平台既可以是传统媒体，当然也可以是基于互联网技术的新媒体，甚至互联网技术有可能为新闻业插上高飞的"翅膀"。但可惜的是，现实中的互联网技术更多被看重眼前利益的资本所俘，并没能给新闻从业者留下太多腾挪空间。甚至不少互联网公司借助版权保护方面的漏洞，免费或以极低代价"收割"新闻从业者的劳动成果，消耗新闻从业者最后一点职业热情。更可悲的是，新闻业所服务的大众似乎也对新闻从业者的专业劳动并不领情：他们似乎更愿意为轻松的信息快餐、刺激的电子游戏付费，而非为严肃的政治新闻、社会新闻"埋单"；更乐于停留在"媒介按摩"① 所带来的

---

① M McLuhan, Q Fiore, J Simon, The media is the massage, Touchstone, NY, 1967.

舒适体验中，而非深入而理性地思索观点形成的冲突过程；更习惯于随手转发、附和点赞而不是采取解决问题的实际行动……

本研究虽发轫于对社会"大船"失去船桥"瞭望者"者的担忧，但坦率地讲，行文至此，我们仍没有信心说找到了重塑新闻从业者职业认同的有效良方。因为，新闻从业者职业认同危机的消解，在很大程度上已超出新闻从业者自身、新闻行业自身所能操控的范围，已与社会各领域"深化改革"的走向与行动密切关联起来。

社会本来就是一个系统，没有社会思想、政治、经济方面的系统支持，重构新闻从业者的职业认同便会沦为"奢望"。我们眼看着不少曾经秉持新闻专业理想、传承新闻专业精神、履行新闻专业职责并从新闻职业中获得高度认同感的新闻从业者转身成为投资者、互联网经营者、公益活动组织者、科研院所的研究者或是别的什么，他们也许在新工作领域中仍能找到自身的价值，但与此同时，社会却损失了一批赤诚的社会公众利益守护者。福兮？祸兮？

新闻从业者职业认同危机问题短期来看关乎新闻从业者之职业生涯、新闻业之发展；长远来看，亦关乎民生冷暖、国家长治、民族兴旺。怎样重塑新闻从业者的职业认同、激励他们充满激情地去维护社会公众利益，仍是个大问题，仍待有识之士继续研究。

回顾整个研究过程，此研究的顺利开展离不开方方面面的支持：媒体师友热情帮助联系深访对象；21 位深访对象拨冗接受访谈并提供丰富资料；众多学界与业界朋友帮忙转发、填答调查问卷……在这样一个时间稀缺的时代，愿将自己的宝贵时间花在他人事情上，怎能不让人感动！特此致谢！

本研究的最终完成还得益于中国人民大学新闻学院 2016 级传媒经济硕士研究生吴雨蔚、李英红、卢茜；2017 级传媒经济硕士研究生曹文倩、肖书琦、周斯民的积极参与，他们花费大量时间将访谈资料转录为文字，特此致谢！

此外，还要感谢人民日报出版社梁雪云女士，正是她的辛苦付出使本书最终能够如期出版，雪云女士的专业能力和严谨态度都给我留下了非常深刻的印象！

是为记！

丁汉青

2018 年 7 月 24 日于波士顿